42,-

RUDOLF STEINER GESAMTAUSGABE

VORTRÄGE

VORTRÄGE VOR MITGLIEDERN
DER ANTHROPOSOPHISCHEN GESELLSCHAFT

RUDOLF STEINER

Die okkulten Grundlagen der Bhagavad Gita

Ein Zyklus von neun Vorträgen
gehalten in Helsingfors
vom 28. Mai bis 5. Juni 1913

1992

RUDOLF STEINER VERLAG
DORNACH/SCHWEIZ

Nach einer vom Vortragenden nicht durchgesehenen Nachschrift
herausgegeben von der Rudolf Steiner-Nachlaßverwaltung
Die Herausgabe besorgte Helmut von Wartburg

1. Auflage (Zyklus 28) Berlin 1914
2. Auflage (erste Buchausgabe) Dornach 1940
3. Auflage Gesamtausgabe Dornach 1962
4. Auflage Gesamtausgabe Dornach 1992

Bibliographie-Nr. 146
Jupitersiegel auf dem Einband von Rudolf Steiner

Alle Rechte bei der Rudolf Steiner-Nachlaßverwaltung, Dornach/Schweiz
© 1962 by Rudolf Steiner-Nachlaßverwaltung, Dornach/Schweiz
Satz: Utesch Satztechnik GmbH, Hamburg / Bindearbeit: Spinner GmbH, Ottersweier
Printed in Germany by Konkordia Druck, Bühl/Baden

ISBN 3-7274-1460-X

*Zu den Veröffentlichungen
aus dem Vortragswerk von Rudolf Steiner*

Die Grundlage der anthroposophisch orientierten Geisteswissenschaft bilden die von Rudolf Steiner (1861–1925) geschriebenen und veröffentlichten Werke. Daneben hielt er in den Jahren 1900 bis 1924 zahlreiche Vorträge und Kurse, sowohl öffentlich als auch für die Mitglieder der Theosophischen, später Anthroposophischen Gesellschaft. Er selbst wollte ursprünglich, daß seine durchwegs frei gehaltenen Vorträge nicht schriftlich festgehalten würden, da sie als «mündliche, nicht zum Druck bestimmte Mitteilungen» gedacht waren. Nachdem aber zunehmend unvollständige und fehlerhafte Hörernachschriften angefertigt und verbreitet wurden, sah er sich veranlaßt, das Nachschreiben zu regeln. Mit dieser Aufgabe betraute er Marie Steiner-von Sivers. Ihr oblag die Bestimmung der Stenographierenden, die Verwaltung der Nachschriften und die für die Herausgabe notwendige Durchsicht der Texte. Da Rudolf Steiner aus Zeitmangel nur in ganz wenigen Fällen die Nachschriften selbst korrigieren konnte, muß gegenüber allen Vortragsveröffentlichungen sein Vorbehalt berücksichtigt werden: «Es wird eben nur hingenommen werden müssen, daß in den von mir nicht nachgesehenen Vorlagen sich Fehlerhaftes findet.»

Über das Verhältnis der Mitgliedervorträge, welche zunächst nur als interne Manuskriptdrucke zugänglich waren, zu seinen öffentlichen Schriften äußert sich Rudolf Steiner in seiner Selbstbiographie «Mein Lebensgang» (35. Kapitel). Der entsprechende Wortlaut ist am Schluß dieses Bandes wiedergegeben. Das dort Gesagte gilt gleichermaßen auch für die Kurse zu einzelnen Fachgebieten, welche sich an einen begrenzten, mit den Grundlagen der Geisteswissenschaft vertrauten Teilnehmerkreis richteten.

Nach dem Tode von Marie Steiner (1867–1948) wurde gemäß ihren Richtlinien mit der Herausgabe einer Rudolf Steiner Gesamtausgabe begonnen. Der vorliegende Band bildet einen Bestandteil dieser Gesamtausgabe. Soweit erforderlich, finden sich nähere Angaben zu den Textunterlagen am Beginn der Hinweise.

INHALT

(Ausführliche Inhaltsangaben Seite 167 ff.)

ERSTER VORTRAG, Helsingfors, 28. Mai 1913 9
Die welthistorische Bedeutung der Bhagavad Gita. Die Bewußtseinssituation des Arjuna. Krishna als Führer zum Erleben des Einzel-Ich

ZWEITER VORTRAG, 29. Mai 1913. 25
Die Stufen des Yogaweges und ihre Darstellung in den ersten Gesängen der Bhagavad Gita

DRITTER VORTRAG, 30. Mai 1913. 43
Die Läuterung des Traumlebens durch Änderung der Sympathiekräfte. Hereinragen höherer Erlebnisse in die Region des Traumbewußtseins

VIERTER VORTRAG, 31. Mai 1913. 59
Übersinnliche Erlebnisse in der Region des Traumbewußtseins und in der des Schlafbewußtseins. Auffindung des Krishna-Wesens in dieser Region

FÜNFTER VORTRAG, 1. Juni 1913 78
Das zyklische Lebensgesetz. Das Wirken geistiger Mächte im menschlichen Organismus zur Vorbereitung später auftretender Seelenkräfte. Krishna als Vorbereiter des menschlichen Selbstbewußtseins

SECHSTER VORTRAG, 2. Juni 1913. 93
Die künstlerische Komposition der Bhagavad Gita. Steigerung des Erlebens bis zum imaginativen Erfassen der Krishna-Wesenheit. Bedeutung des Krishna-Impulses für die einzelne Menschenseele, des Christus-Impulses für die ganze Menschheit

SIEBENTER VORTRAG, 3. Juni 1913 108
Das Wesen der menschenschöpferischen Kräfte. Bewahrung dieser Kräfte vor dem Luzifer-Einfluß in der Schwesterseele des Adam. Ihre Offenbarung durch Krishna. Ihre Verkörperung im Jesusknaben des Lukas-Evangeliums

ACHTER VORTRAG, 4. Juni 1913 124
Die Beziehung zwischen dem Gedankeninhalt der Bhagavad Gita und der Philosophie von Fichte, Hegel und Solovieff. Die Bedeutung der Begriffe Sattva, Rajas und Tamas

NEUNTER VORTRAG, 5. Juni 1913 141
Der Impuls zur Verselbständigung und Vervollkommnung der Menschenseele durch Krishna. Die Synthese des luziferischen und des Krishna-Impulses durch den Christus-Impuls

Einladung zum Vortragszyklus 160

Hinweise

    Zu dieser Ausgabe 161

    Hinweise zum Text 162

Namenregister 166

Ausführliche Inhaltsangaben 167

Rudolf Steiner über die Vortragsnachschriften 171

Übersicht über die Rudolf Steiner Gesamtausgabe 173

ERSTER VORTRAG

Helsingfors, 28. Mai 1913

Es ist etwas mehr als ein Jahr, daß ich hier an diesem Orte sprechen durfte über diejenigen Dinge, welche uns allen so tief im Herzen liegen, über diejenigen Dinge, von denen wir der Meinung sind, daß sie sich der menschlichen Erkenntnis in der Gegenwart einfügen müssen, weil von unserer Zeit an die menschlichen Seelen immer mehr und mehr fühlen werden, daß das Wissen um diese Dinge wirklich zu den Bedürfnissen, zu den tiefsten Sehnsuchten der Menschenseele gehört. Und mit einer tiefen Befriedigung begrüße ich Sie zum zweiten Male an diesem Orte, zugleich mit allen denjenigen, welche hier heraufgekommen sind, um in Ihrer Mitte zu zeigen, wie ihr Herz und ihre Seele mit unserer heiligen Sache über den ganzen Erdkreis hin verbunden sind.

Als ich das letzte Mal hier zu Ihnen sprechen durfte, da erhoben wir unseren geistigen Blick zu weiten Wanderungen in die Regionen des Weltenalls. Diesmal wird es unsere Aufgabe sein, mehr in den Regionen der irdischen Entwickelung uns aufzuhalten. Aber wir werden in solche Regionen uns zu vertiefen haben, welche uns nicht minder hinführen werden zu den Pforten der ewigen Offenbarung des Geistigen in der Welt. Wir werden über einen Gegenstand zu sprechen haben, der uns in der Zeit und in dem Raum scheinbar weit von dem Jetzt und von dem Hier hinwegführen wird, der uns aber darum nicht minder zu demjenigen führen wird, das im Jetzt und im Hier ebenso lebt wie in allen Zeiten und in allen Räumen, der uns führen wird in intimer Weise zu den Geheimnissen des Ewigen in allem Sein, der uns führen wird zu dem unaufhörlichen menschlichen Suchen nach den Quellen der Ewigkeit, nach denjenigen Quellen, innerhalb welcher auch der Heilsaft zu finden ist für alles, was die Menschen, seit sie Verständnis dafür gewonnen haben, die allgewaltige Liebe nennen. Denn wo wir auch versammelt sind, da sind wir versammelt im Namen des Strebens nach Weisheit und des Strebens nach Liebe, da sind wir versammelt in der Sehnsucht nach den Quellen dieser Liebe. Und dasjenige, was ausgebreitet ist und betrachtet werden kann im weiten Umkreis des ganzen kosmischen Alls, das kann auch betrachtet werden in der ringenden Menschenseele allüberall. Und das tritt uns dann ganz besonders entgegen, wenn wir den Blick hinwenden zu einer jener gewaltigen Kundgebungen dieses ringenden Menschengeistes, wie sie gegeben sind in solchen Leistungen menschlichen Lebens, von denen wir eine zugrunde legen den gegenwärtigen Betrachtungen. Sprechen wollen wir von einer der größten, der eindringlichsten Kundgebungen des menschlichen Geistes, von der uralten, aber in ihren Grundlagen gerade in unserer Zeit sich uns von erneuter Wichtigkeit erweisenden Bhagavad Gita.

Es ist noch nicht lange her, da haben die Völker Europas, die Völker des Westens überhaupt, noch wenig gewußt von dieser Bhagavad Gita. Erst heute, ein Jahrhundert lang, verbreitet sich im Westen der Ruhm dieser wunderbaren Dichtung und die Kenntnis dieses wunderbaren Sanges. Aber gerade das soll der Gegenstand dieses unseres Vortragszyklus diesmal sein, daß die Erkenntnis – nicht die bloße Kenntnis –, daß die Erkenntnis der wundervollen morgenländischen Gita im Grunde erst wird kommen können, wenn die Grundlagen dieses herrlichen Sanges sich immer mehr und mehr den Menschenseelen enthüllen werden, diejenigen Grundlagen, welche man die okkulten Grundlagen desselben nennen kann. Denn entsprungen ist dasjenige, was uns in der Bhagavad Gita entgegentritt, noch einem Zeitalter, von dem wir im Zusammenhange unserer geisteswissenschaftlichen Betrachtungen öfter schon gesprochen haben, entsprungen sind die gewaltigen Empfindungen, Gefühle und Ideen der Bhagavad Gita einem Zeitalter, in das noch hereingeleuchtet haben die Kundgebungen alten menschlichen Hellsehertums. Für denjenigen, der empfinden will, was Seite für Seite die Bhagavad Gita aushaucht, wenn sie zu uns spricht, für den gibt sich auch Seite für Seite etwas kund wie ein Hauch uralten Hellsehertums der Menschheit.

Es war die erste Bekanntschaft der westlichen Welt mit der Bhagavad Gita in einem Zeitalter gekommen, in dem diese westliche Welt nur mehr geringes Verständnis hatte für die ursprünglichsten ersten hellsichtigen Quellen dieser Bhagavad Gita. Dennoch schlug dieses hohe Lied der Gottheit oder, besser gesagt, von dem Göttlichen, wie ein Blitz in diese abendländische Welt ein, so daß ein Mann Mitteleuropas dazumal, als er zuerst bekannt wurde mit dem wunderbaren morgenländischen Sang, unumwunden aussprach, er müsse sich glücklich preisen, noch den Zeitpunkt erlebt zu haben, an dem er hat bekannt werden können mit jenem Wunderbaren, das in der Bhagavad Gita ausgesprochen ist. Und dieser Mann war nicht einer, der unbekannt war mit dem Geistesleben der Menschheit in den Jahrhunderten, ja Jahrtausenden; dieser Mann war einer, der tief hineingeschaut hat in das Geistesleben der Völker: es war Wilhelm von Humboldt, der Bruder des berühmten Kosmos-Schreibers Humboldt. Auch andere Angehörige des Abendlandes, Menschen der verschiedensten Sprachgebiete, sie alle haben ähnlich empfunden. Wie bedeutsam aber wirkt doch dieses Empfinden, wenn man – es sei dieses einmal von dieser Seite her erwähnt – die Bhagavad Gita zunächst in ihren ersten Gesängen auf sich wirken läßt.

Man muß vielleicht gerade in unserem Kreise doch wohl oft sich erst zur vollen Unbefangenheit durcharbeiten, weil ja, trotzdem die Bhagavad Gita im Abendlande seit so kurzer Zeit bekannt ist, der heilige Sturm, mit dem sie die Seelen ergriffen hat, so gewirkt hat, daß man von vornherein an sie herangeht mit dem Gefühl, etwas wie ein Heiliges vor sich zu haben und sich nicht mehr ganz klar macht, wovon eigentlich der Ausgangspunkt genommen wird. Es sei einmal, vielleicht sogar etwas grotesk nüchtern, zunächst dieser Ausgangspunkt vor unsere Seele hingestellt.

Ein Gedicht stellt sich vor uns hin, das uns von den ersten Seiten an in den wildesten, stürmischsten Kampf hineinversetzt. Wir werden auf einen Schauplatz geführt, der kaum weniger wild als derjenige ist, in den uns Homer in der Ilias sogleich hineinversetzt. Ja, wir verfolgen weiter, wie dieser Schauplatz uns darstellt etwas, was eine der wichtigsten Persönlichkeiten, die da auftreten, ja vielleicht die wichtigste sogar, als einen Bruderkampf von vornherein empfindet, Arjuna. Vor uns tritt auf dieser Arjuna wie einer, dem vor dem Kampfe graut, denn er sieht drüben unter den Feinden seine Blutsverwandten. Der Bogen entsinkt ihm, indem er sich klar darüber wird, daß er eintreten soll in einen Kampf, in einen mörderischen Kampf mit Menschen, die abstammen von denselben Ahnen, von denen er sich selber herleitet, durch deren Adern das gleiche Blut fließt, wie es in den seinigen rinnt. Und wir fangen fast an mitzufühlen mit diesem Sinkenlassen des Bogens, mit diesem Zurückbeben vor dem furchtbaren Bruderkampf. Und aufsteigt vor unserem Blick der große geistige Lehrer dieses Arjuna, Krishna. Und eine großartige, eine erhabene Lehre wird uns von Krishna in den wundervollsten Farben so vorgeführt, daß dies alles als ein spiritueller Unterricht an Arjuna erscheint, der sein Schüler ist. Aber worauf will das alles zuletzt heraus? Das ist es, was man sich im Grunde genommen erst einmal nüchtern vor Augen führen muß, was man nicht übersehen darf. Worauf will das eigentlich heraus? Ja, es genügt eben nicht, wenn man bloß sich einläßt auf die große, heilig erscheinende Lehre, die Krishna dem Arjuna gibt. Auch die Umstände, in denen sie gegeben wird, müssen ins Auge gefaßt werden. Ins Auge müssen wir fassen, in welcher Situation Krishna den Arjuna auffordert, im Bruderkampf nicht zu bangen, aufzunehmen den Bogen und mit voller Kraft sich hineinzustürzen in den verheerenden Kampf. Das muß man sich auch vor Augen führen. Wie eine zunächst unverständliche geistige Lichtwolke tauchen mitten im Kampfe Krishnas Lehren auf, und sie gelten der Aufforderung, nicht zurückzubeben in diesem Kampfe, sondern darinnen zu stehen, die Pflicht zu tun in diesem Kampfe. Wenn man dies sich vor Augen führt, so verwandelt sich fast diese Lehre gewissermaßen durch den Rahmen. Aber dieser Rahmen führt ja weiter hinaus in das ganze Gewebe des «Mahabharata», des großen, gewaltigen Sanges, von dem wiederum die Bhagavad Gita ein Teil ist. Es führt uns die Lehre Krishnas heraus in die Stürme der Alltäglichkeit, in die wirren Stürme menschlicher Kämpfe, menschlichen Irrtums, irdischen Streites. Es erscheint uns fast diese Lehre wie eine Rechtfertigung dieser Stürme der menschlichen Kämpfe. Wenn wir dieses uns zunächst gewissermaßen nüchtern vor Augen führen, entstehen vielleicht doch noch ganz andere Fragen gegenüber der Bhagavad Gita, als diejenigen sind, die dann entstehen, wenn man in mancherlei, dem man ein Verständnis glaubt entgegenbringen zu können, etwas findet wie bei den gewöhnlichen menschlichen Werken. Und vielleicht ist es nötig hinzuweisen auf jenen Rahmen der Bhagavad Gita, um wirklich die welthistorische Bedeutung dieses grandiosen Sanges vor Augen führen zu können, und dann aufmerksam machen zu können auf dasjenige, wodurch uns die Bhagavad Gita immer mehr und mehr gerade in der Gegenwart von ganz besonderer Wichtigkeit werden kann.

Ich sagte schon: wie etwas völlig Neues kam in die westliche Welt die Bhagavad Gita hinein, fast auch wie völlig neu dasjenige, was an Gefühlen, Empfindungen und Gedanken der Bhagavad Gita zugrunde liegt. Was kannte denn im Grunde genommen das, was westländische Kultur ist, von morgenländischer Kultur bis in diese Zeit herein, in welche die Bekanntschaft mit der Bhagavad Gita fiel? Abgesehen von mancherlei gerade in dem letzten Jahrhundert bekannt gewordenen, sehr wenig! Abgesehen von gewissen geheim gebliebenen Bestrebungen, kannte die westliche Kultur gerade das nicht unmittelbar in seiner Bedeutung, was als Grundnerv, als wichtigster Impuls die ganze Bhagavad Gita durchzieht. Wenn man herankommt an solche Dinge wie die Bhagavad Gita, dann fühlt man, wie wenig eigentlich menschliche Sprache, menschliche Philosophie, menschliche Ideen, die dem Alltag gelten und ihn beherrschen und für ihn ja auch genügen, wie wenig dieselben ausreichend sind, um zu charakterisieren solche Spitzen, solche Gipfelpunkte des menschlichen Geisteslebens auf der Erde. Man braucht ja noch etwas ganz anderes als die gewöhnlichen Schilderungen, um das zum Ausdruck zu bringen, was uns entgegenleuchtet aus einer solchen Offenbarung des menschlichen Geistes.

Zwei Bilder möchte ich, damit sie eine Unterlage bilden für die weiteren Schilderungen, zunächst vor unsere Seelen hinstellen. Das eine Bild aus der Bhagavad Gita selber, das andere aus dem westländischen Geistesleben, und zwar so, daß es diesem westländischen Geistesleben verhältnismäßig nahe liegt, während das Bild, das wir aus der Bhagavad Gita selber nehmen wollen, vorläufig dem abendländischen Geistesleben recht fern zu liegen scheint. Jetzt sei ein Bild vor unsere Seele zunächst hingestellt, das wir in der Bhagavad Gita selber finden: So verläuft ja der große erhabene Gesang, daß uns geschildert wird, wie mitten in der Schlacht Krishna auftaucht und Weltengeheimnisse, gewaltige, große Lehren vor seinem Schüler Arjuna enthüllt. Dann überkommt diesen Schüler der Drang, gestaltenhaft, geistig gestaltet, diese Seele zu sehen, denjenigen wirklich zu erkennen, der so Erhabenes zu ihm spricht. Er bittet den Krishna, er möge sich ihm zeigen, so wie er sich ihm zeigen kann in seiner wahren Geistgestalt. Und da erscheint ihm denn Krishna – und wir werden noch auf diese Schilderung zurückkommen –, da erscheint er in seiner Gestalt, die alles umfaßt, eine große, erhabene, herrliche Schönheit, eine Erhabenheit, die Weltgeheimnisse darstellt. Wir werden sehen, daß es weniges gibt auf der Welt, das herrlich ist gleich dieser Schilderung, wie sich die erhabene Geistgestalt des Lehrers dem Seherauge seines Schülers offenbart. Ausbreitet sich vor dem Auge Arjunas das wüste, wirre Kampfesfeld, auf dem viel Blut fließen soll, auf dem der Bruderkampf sich entwickeln soll. Entrückt soll werden von diesem wüsten, wirren Kampfesfeld die Seele des Schülers des Krishna, und erblicken soll die Seele dieses Schülers eine Welt, eintauchen soll sie in eine Welt, in der Krishna in seiner wahren Gestalt lebt, die entrückt ist allem Kampf, allem Streit, eine Welt hehrster, erhabenster Seligkeit, eine Welt, in der sich enthüllen die Geheimnisse des Daseins, eine Welt, entrückt der Alltäglichkeit, dem Kampf und Streit, eine Welt, der die Menschenseele ihrer innersten, eigensten Wesenheit nach eigentlich aber angehört. Von dieser Welt soll die Menschenseele wissen, wissen lernen soll sie von dieser Welt, und dann soll es ihr möglich werden, wiederum herabzusteigen, wieder einzugreifen in die wirren, wüsten Kämpfe der diesseitigen Welt. Wahrhaftig, wenn wir fühlend der Schilderung dieses Bildes folgen, dann sagen wir uns: Was geht denn eigentlich vor in der Seele des Arjuna? Wie ist sie denn, diese Seele? Sie steht mitten im Kampfgewühl, und zwar so, wie wenn dieses Kampfgewühl ihr aufgedrängt wäre. So fühlt sich diese Seele wie verwandt mit einer seligen Welt, in der es nicht gibt menschliches Leiden, menschlichen Kampf, menschliches Sterben. So sehnt sich diese Arjunaseele herauf in eine Welt des Ewigen, des Seligen. Aber mit einer Notwendigkeit, die sich nur ergeben kann aus dem Impuls des erhabenen Krishna, muß diese Seele niedergezwungen werden zu dem wüsten, wirren, alltäglichen Kampf. Sie will den Blick abwenden von diesem wirren, wüsten Kampf. Wie ein Fremdes, wie ein ihr ganz und gar nicht Verwandtes, so erscheint das Leben der Erde, wie es ringsherum ist, für diese Arjunaseele. Wir fühlen förmlich: Diese Seele ist noch eine solche, die sich in die oberen Welten hinaufsehnt, als ob sie mit den Göttern noch leben wollte, und das Leben der Menschen noch wie ein Fremdes, ein Unverwandtes, ein Unverständliches empfindet. Wahrhaftig, ein wunderbares Bild, das größte und erhabenste Momente enthält: ein Held, Arjuna, umgeben von anderen Helden, von Kämpferscharen, ein Held, der alles, was sich ihm vor Augen ausbreitet, wie ein Fremdes, Jenseitiges, Unverwandtes empfindet, der erst hingewiesen werden muß auf diese Welt durch einen Gott, und der nicht versteht die diesseitige Welt, ohne daß ein Gott sie ihm verständlich macht, Krishna.

Scheinbar recht paradox mag es klingen, aber ich weiß doch, daß diejenigen, die tiefer auf die Sache eingehen können, es verstehen werden, wenn ich das Folgende sage. Arjuna steht da vor uns wie eine Menschenseele, der erst verständlich gemacht werden soll das Diesseits der Welt, das Irdische der Welt. Und nun sollte die Bhagavad Gita in den westlichen Kulturländern wirken auf Menschen, die sehr wohl ein Verständnis haben für alles Irdische, die es im Materialismus so weit gebracht haben, daß sie ein sehr gutes Verständnis haben für alles Irdische, für alles Materielle. Verständlich werden sollte die Bhagavad Gita für Seelen, die durch eine tiefe Kluft geschieden sind von alle dem, was sich bei einer wahrhaftigen Betrachtung als die Arjunaseele darstellt. Alles das, wozu die Arjunaseele, die durch Krishna erst herangebändigt werden muß zum Irdischen, keinen Trieb zeigt, das scheint den Abendländern sehr verständlich zu sein. Die Schwierigkeit scheint darin zu liegen, sich zu erheben zu der Arjunaseele, zu jener Seele, der erst Verständnis beigebracht werden soll für alles das, wozu in den westlichen Ländern sehr viel Verständnis vorhanden ist: für das Sinnliche, für das Materiell-Irdische. Ein

Gott, Krishna, muß dem Arjuna ein Verständnis beibringen für alles
dasjenige, was uns als unsere Kultur umgibt. Wie leicht wird es in
unserer Zeit, dem Menschen Verständnis beizubringen für dasjenige,
was ihn umgibt. Dazu bedarf es keines Krishna. Man tut gut daran,
einmal klar den Blick hinzuwenden auf die Abgründe, welche zwischen menschlichen Naturen liegen können, und nicht allzuleicht das
Verständnis zu nehmen, das eine abendländische Seele gewinnen kann
für eine Natur, wie sie Krishna oder Arjuna ist. Arjuna ist ein
Mensch, aber ein so ganz anderer als die Menschen, die in der abendländischen Kultur nach und nach sich herangebildet haben.

Das ist das eine Bild, von dem ich sprechen will, denn Worte
können nur wenig in diese Dinge hineinführen. Bilder, die wir erfassen wollen mit unseren Seelen, können das mehr, da sie nicht nur zum
Verständnis sprechen, sondern zu dem, was ewig auf der Erde tiefer
sein wird als alles Verständnis, zu der Empfindung und dem Gefühl.

Nun möchte ich ein anderes Bild hinstellen vor unsere Seelen, ein
Bild, von dem ich nicht sagen will, daß es weniger erhaben sei als
dieses Bild der Bhagavad Gita, das aber unendlich viel näher steht
demjenigen, was westländische Kultur ist. Da gibt es ein erhabenes
Bild, ein schönes, poetisches Bild, von dem der Westländer sogar
weiß, und das für ihn viel bedeutet. Was meine ich damit eigentlich?
Ein Bild habe ich hingestellt: die Erscheinung des Krishna vor dem
Arjuna. Fragen wir nun: Wieviel in der westländischen Entwickelung stehende Menschen glauben an die Wirklichkeit dieses Bildes,
glauben, daß einmal dieser Krishna vor Arjuna erschien und so
gesprochen hat? Fragen wir einmal, wieviel westländische Seelen an
die Wirklichkeit dieses Bildes glauben. – Allerdings stehen wir am
Ausgangspunkte einer Weltanschauung, die es dahin bringen wird,
daß das nicht nur ein Glaube, sondern ein Wissen sein wird. Aber
wir stehen eben am Ausgangspunkte dieser Weltanschauung, am Ausgangspunkte der anthroposophischen Weltanschauung. Das andere
Bild steht uns viel näher. Es liegt wirklich in ihm etwas, für das die
westländische Kultur einen Sinn hat.

Wir schauen hin einige Jahrhunderte vor der Begründung des
Christentums auf eine Seele, die ein halbes Jahrtausend vor der Be-

gründung des Christentums einer der größten Geister des Abendlandes in den Mittelpunkt seiner Betrachtungen gezogen hat. Auf Sokrates schauen wir hin und schauen hin im Geiste auf den sterbenden Sokrates. Sokrates, der sterbende Sokrates, wie ihn Plato im Kreise der Schüler schildert in seinem berühmten Gespräch über die Unsterblichkeit der Seele. In diesem Bilde wird nur spärlich angedeutet das andere, das Jenseitige, dargestellt als der Dämon, der zu Sokrates spricht. Sokrates stehe vor uns in den Stunden, die vorangegangen sind seinem Hineingehen in die spirituellen Welten, umgeben von seinen Schülern. Er spricht im Angesichte des Todes von der Unsterblichkeit der Seele. Viele lesen dieses wunderbare Gespräch von der Unsterblichkeit, das Plato uns gegeben hat, um gerade diese Szene seines sterbenden Lehrers zu schildern. Aber es lesen heute die Menschen nur Worte, Begriffe und Ideen. Es gibt sogar Menschen – und sie sollen nicht getadelt werden – die sich gegenüber dieser herrlichen Schilderung Platos fragen nach den logischen Berechtigungen desjenigen, was der sterbende Sokrates seinen Schülern auseinandersetzt. Es sind das diejenigen Menschen, die nicht empfinden können, daß es mehr gibt für die Menschenseele, daß Wichtigeres, Bedeutungsvolleres als logische Beweise, als wissenschaftliche Auseinandersetzungen in unseren Seelen lebt. Lassen wir ganz dasjenige, was Sokrates über die Unsterblichkeit sagt, lassen wir den allergebildetsten, den allertiefsten, den allerfeinsten Menschen im Kreise seiner Schüler in einer anderen Situation das sagen, was Sokrates seinen Schülern sagt, lassen wir es ihn unter anderen Umständen sagen, ja lassen wir hundertmal mehr das, was dieser feinste, logischste, gebildetste Mensch sagt, besser logisch begründet sein, als dies bei Sokrates ist: und trotzdem hat es vielleicht einen hundertmal geringeren Wert! Dies wird man erst voll einsehen, wenn man beginnen wird gründlich zu verstehen, daß es etwas für die Menschenseele gibt, was mehr wert ist, wenn es auch unscheinbarer scheint, als die stichhaltigsten logischen Beweise. Wenn irgendein gebildeter, feiner Mensch in irgendeiner Stunde zu seinen Schülern von der Unsterblichkeit der Seele spricht, so kann das wohl sehr bedeutsam sein. Aber die eigentliche Bedeutung wird nicht enthüllt durch das, was gesagt wird – ich weiß, ich spreche jetzt etwas sehr Paradoxes aus, aber etwas sehr Wahres –, sondern es wirkt der Umstand mit, daß dieser Lehrer seinen Schülern etwas sagt, hinterher aber die gewöhnlichen Angelegenheiten seines Lebens weiter besorgt und seine Schüler auch. Sokrates sagt die Dinge seinen Schülern in der Stunde, die seinem Durchschreiten der Todespforte vorangeht. Er spricht die Lehre von der Unsterblichkeit der Seele aus in dem Augenblicke, da in dem nächsten sich seine Seele von dem äußeren Leibe trennen wird. Es ist etwas anderes, in der Todesstunde, die nicht als unbestimmt vom Schicksal ihm entgegenkommt, zu den zurückbleibenden Schülern von der Unsterblichkeit zu sprechen, etwas anderes, nach diesem den gewöhnlichen Tagesgeschäften nachzugehen. Es ist etwas anderes, nach einem solchen Gespräche auch wirklich einzugehen in die Welten, die hinter der Todespforte liegen. Nicht die Worte des Sokrates sollen vorzugsweise auf uns wirken, die Situation soll es tun. Aber nehmen wir alle Stärke desjenigen, was eben versucht worden ist zu charakterisieren, nehmen wir all das, was uns in dem Gespräch des Sokrates zu seinen Schülern über die Unsterblichkeit wie ein Hauch entgegentritt, nehmen wir die ganze, unmittelbare Kraft dieses Bildes, was haben wir da vor uns? Die griechische Welt, die Welt der griechischen Alltäglichkeit haben wir vor uns, jene Welt, in der des Lebens Alltagskämpfe dazu geführt haben, den besten der Söhne des Landes mit dem Schierlingsbecher zu bedenken. Wir haben vor uns die letzten Erdenworte dieses edlen Griechen, die letzten Worte, die er nur dazu bestimmte, die Menschen, die um ihn herumstehen, dahin zu bringen, daß ihre Seelen glauben an dasjenige, von dem sie ein Wissen nicht mehr haben können, daß ihre Seelen glauben an das, was für sie ein Jenseits ist, an die geistige Welt. Daß ein Sokrates notwendig ist, um mit den stärksten Gründen, nämlich durch die Tat, Erdenseelen dazu zu bringen, daß sich für sie ein Ausblick ergibt in die spirituellen Welten, in denen die Seele lebt, wenn sie durch die Todespforte gegangen ist, das zaubert vor unsere Seele ein Bild hin, das westländischen Seelen wohl verständlich ist. Sokrateskultur ist westländischen Seelen wohl verständlich. Sokrates vor seinen Schülern stehend, die so unmittelbar vor der Wirklichkeit des Todes stehen: dieses Bild ist allerdings abendländischen Seelen verständlich. Wir begreifen abendländische Kultur nur dann recht, wenn wir wissen, daß sie in diesem Sinne doch sokratische Kultur durch die Jahrhunderte, durch die Jahrtausende war.

Vergleichen wir aber einen der Schüler des Sokrates, der wahrhaftig keinen Zweifel haben konnte an demjenigen, was ihn umgab – denn er war ja ein Grieche –, vergleichen wir, wie dieser eingeführt werden muß in die übersinnliche Welt, vergleichen wir das mit dem Schüler des Krishna, mit Arjuna, der gar keine Zweifel haben kann an der übersinnlichen Welt, der aber irre wird an seiner Verwandtschaft, an dem ganzen Bestande, ja, an der Möglichkeit fast der Sinnenwelt.

Ich weiß sehr gut, daß historische Wissenschaft, philosophische Wissenschaft, alle möglichen Arten von Wissenschaften jetzt kommen können und mit scheinbar recht guten Gründen sagen könnten: Ja, aber schau doch nur hin, was da in der Bhagavad Gita steht, und was bei Plato steht. Man kann von alle dem ebensogut das Gegenteil beweisen, das Gegenteil von dem, was du eben ausgesprochen hast. – Aber ich weiß auch, daß diejenigen, die so sprechen, nicht empfinden wollen die tieferen, grandiosen Impulse, die auf der einen Seite jenem Bilde der Bhagavad Gita entlehnt sind, auf der anderen Seite dem Bilde des sterbenden Sokrates, wie Plato ihn schildert. Ein Abgrund liegt doch zwischen diesen zwei Welten bei alle dem, was man an Ähnlichkeit wiederum herausfinden könnte. Warum ist dieses so?

Es ist so, weil die Bhagavad Gita am Ende des alten hellseherischen menschlichen Zeitalters steht, weil in der Bhagavad Gita etwas herauftönt zu uns, wie der letzte Nachklang alten menschlichen Hellsehertums; weil auf der anderen Seite in dem sterbenden Sokrates uns einer der ersten jener Menschen entgegentritt, die da rangen durch Jahrtausende mit jener menschlichen Erkenntnis, mit jenen menschlichen Ideen, Gedanken und Empfindungen, die wie herausgeworfen sind aus dem alten Hellsehertum, die sich entwickelten in der Zwischenzeit, da sie sich vorzubereiten hatten zu einem neuen Hellsehertum, dem wir heute zustreben durch die Verkündigung und Aufnahme dessen, was wir die anthroposophische Weltanschauung nennen. Es ist in einer gewissen Beziehung keine Kluft tiefer als diejenige, die sich auftut zwischen Arjuna, dem Krishnaschüler, und einem Sokratesschüler. Aber wir leben in einer Zeit, in welcher die menschlichen Seelen, nachdem sie jahrhundertelang in ihrem Laufe durch verschiedene Verwandlungen, durch ihre Inkarnationen hindurch gesucht haben das Leben in äußerer Erkenntnis, den Zusammenschluß wieder suchen mit den spirituellen Welten. Im Grunde genommen ist, daß Sie hier sitzen, der lebendigste Beweis, daß in Ihnen solche Seelen leben, die den Zusammenschluß suchen, jenen Zusammenschluß, der hinaufführen soll in erneuerter Weise die Seelen zu solchen Welten, die uns, wie in einer wunderbaren Offenbarung, entgegenklingen in demjenigen, was Krishna seinem Schüler Arjuna verkündet. Deshalb kann wie etwas, was tiefsten Sehnsuchten unserer Seelen entspricht, vieles zu uns klingen, was der Bhagavad Gita okkult zugrunde liegt.

In alten Zeiten war der Seele das Band vertraut, das sie verbindet mit dem Geistigen. Das Übersinnliche, das Jenseitige, das Spirituelle war ihr wohlvertraut. Am Ausgangspunkte einer Zeit stehen wir, in der die Menschenseele wieder sucht den Zugang, jetzt in erneuter Weise, zu den übersinnlichen, spirituellen Welten. Wie eine Aneiferung zu diesem Suchen muß es uns erscheinen, wenn wir uns sagen können, wie das, was wir suchen, ja schon einmal da war in einer gewissen Weise, die allerdings nicht mehr die unsrige sein kann, aber doch eben einmal da war. Und zwar werden wir in ganz besonders hohem Grade dieses, was schon einmal da war, in den Offenbarungen des heiligen Sanges des Morgenlandes finden, in den Offenbarungen der erhabenen Gita, von Krishna an seinen großen Schüler Arjuna gerichtet.

Ja, bedeutungsvoll, wie in der Regel bei großen menschlichen Schöpfungen gleich die ersten Worte erscheinen – erscheinen uns die ersten Worte der Ilias, der Odyssee doch bedeutungsvoll –, so erscheinen auch bedeutungsvoll die ersten Worte der Bhagavad Gita. Erzählt wird dasjenige, was da dargestellt werden soll, von seinem Wagenlenker an den blinden König und das Haupt der Kurupartei, der eben im Bruderkampfe liegt mit der Pandavapartei. Ein blindes

Oberhaupt! Dieses erscheint uns schon wie symbolisch. Die Menschen der alten Zeit hatten ja eben den Blick hinein in die geistigen Welten, sie lebten gleichsam mit ihrem ganzen Gemüte, mit ihrer ganzen Seele, mit Göttern und Geistern in Zusammenhang. Alles, was hier auf dem Erdkreise sie umgab, erschien ihnen nur unter fortwährendem Zusammenhange mit dem göttlich-geistigen Dasein. Dann kam eine andere Zeit. Und ebenso, wie uns Homer von der griechischen Sage als blind geschildert wird, so wird uns auch als blind geschildert das Haupt der Kurupartei, dem erzählt werden die Gespräche, die Krishna zu seinem Schüler spricht und die diesen Mann über dasjenige, was sich in der sinnlichen Welt abspielt, unterrichten. Ja, erzählt muß ihm sogar dasjenige werden, was hereinragt von der geistigen Welt in die sinnliche Welt hinein. Bedeutsam ist das Symbol, wie gegenüber einer unmittelbaren Umwelt blind waren die alten Menschen, deren Seelen hinaufreichten mit aller Erinnerung, mit allem geistigen Zusammenhange in uralte Zeiten. Sehend waren sie im Geiste, schauend in der Seele, diejenigen, die wie in höheren Bildern erleben konnten alles, was als geistige Geheimnisse lebte. Diejenigen, die in tieferem Sinne verstehen sollten, was sich in der Welt abspielt, die dieses verstehen sollten in seinem geistigen Zusammenhange, die werden uns in den alten Sagen und Sängen als blind dargestellt. So begegnen wir demselben Symbol ebenso bei dem griechischen Sänger Homer wie bei jener Gestalt, die uns gleich im Eingange der Bhagavad Gita entgegentritt. Und in welche Zeit werden wir hineingeführt? In die Zeit, die uns auch in anderer Art als die Zeit des Überganges der Urmenschheit in die gegenwärtige Menschheit öfters dargestellt worden ist. Warum aber wirkt auf Arjuna so stark der Umstand, daß der Bruderkampf stattfinden soll?

Wir wissen es ja, daß das alte Hellsehen gewissermaßen gebunden war an den äußeren Blutzusammenhang. Blutzusammenhang, das Fließen des gleichen Blutes in den Adern einer Menschenschar, war in alten Zeiten mit Recht etwas heilig Verehrtes. Denn daran war gebunden das alte Wahrnehmen einer gewissen Gruppenseele. Die Menschen, die blutsverwandt sich nicht nur fühlten, sondern sich wußten, in denen lebte eigentlich noch nicht ein solches Ich wie im gegenwärtigen Menschen. Wo wir auch hinschauen, finden wir in den uralten Zeiten überall Zusammenhänge, in denen der einzelne Mensch sich gar nicht mit einem solchen Ich fühlte, wie es heute der Mensch tut, sondern als allein bestehend in der Gruppe, in einer Gemeinschaft, die die Gemeinschaft des Blutes darstellte. Was bedeutet dem Menschen heute Stammesseele, Nationalseele, Volksseele? Gewiß, manchmal ist diese Nationalseele zum Beispiel, oder Volksseele, Gegenstand größter Begeisterung, aber wir dürfen sagen: gegenüber dem menschlichen einzelnen Ich kommt sie doch nicht auf, diese Volksseele, diese Stammesseele. – Es mag ein harter Ausspruch sein, aber wahr ist er. Denn es ist so, daß der Mensch einstmals nicht zu sich «Ich» gesagt hat, sondern zu der Gruppe seines Stammes oder Volkes. Dieses Gefühl für Gruppenseelenhaftigkeit lebt aber noch in Arjuna, da er den Bruderkampf um sich wüten sieht. Er versteht noch nicht zu sich «Ich» zu sagen, er versteht es noch besser, jenes Gruppen-Ich zu fühlen, das sich in allen jenen Seelen äußerte. Das macht es, daß ihm so grauenvoll der Kampf ist, der um ihn tobt.

Versetzen wir uns in diese Arjunaseele, so daß wir empfinden, daß da etwas wie ein Grauen lebt, daß sich da etwas morden will, was zusammengehört, eine Seele, die empfindet, was in allen Seelen lebt und was sich töten will. Versetzen wir uns in diese Arjunaseele, die empfindet, wie sich Brüder töten, in Stücke reißen wollen, die empfindet, wie wenn eine Seele empfinden würde, daß dasjenige, was doch zu ihr gehört, der Leib, in Stücke gerissen wird. So empfindet die Arjunaseele, wie wenn die Glieder eines Leibes, das Herz mit dem Haupte kämpfen würde, die linke Hand gegen die rechte Hand. Bedenken wir, daß diese Seele so dem Kampfe, der da stattfinden soll, gegenübersteht, daß dieser Kampf als ein Kampf gegen die eigene Leiblichkeit erscheint. Bedenken wir, was diese Seele fühlt in dem Augenblicke, wo sie den Bogen sinken läßt, wo der Kampf der Brüder ihr erscheint wie ein Kampf der rechten gegen die linke Hand des Menschen: dann fühlen wir die Stimmung des Einganges der Bhagavad Gita, dann fühlen wir – ich muß da etwas sagen, was wiederum scheinbar, aber nur scheinbar, paradox, grotesk sich hinstellt, was scheinbar gegen allerheiligste Empfindungen spricht –: Arjuna steht da, begreift noch nicht recht das Einzel-Ich, begreift aber das alte, das Gruppen-Ich, das sich ihm so unnatürlich im Kampfe darstellt. In dieser Stimmung tritt ihm gegenüber Krishna, der große Lehrer. – Wir müssen es einmal aussprechen, wie mit der größten Kunst, mit der unvergleichlichsten Kunst Krishna, der heilige Gott, dasteht dem Arjuna gegenüber, indem er dem Arjuna beibringt, was der Mensch sich abgewöhnen soll und wollen muß, wenn er im rechten Sinne in seiner Evolution aufsteigen will.

Verfolgen wir diesen Krishna und seine Lehre weiter. Was sagt er denn eigentlich? Wovon spricht er? Von Ich und Ich und Ich und immer nur von Ich. Ich bin in der Erde, Ich bin im Wasser, Ich bin in der Luft, Ich bin im Feuer, Ich bin in allen Seelen, Ich bin in allen Lebensäußerungen, selbst noch im heiligen Aum, Ich bin der Wind, der durch die Wälder geht, Ich bin der wertvollste unter den Bergen, Ich bin unter den Flüssen der wertvollste, Ich bin der wertvollste der Menschen, Ich bin unter den Seligen der alte Seher Kapila. – Wahrhaftig, dieser Krishna sagt ja nichts geringeres, als: Ich erkenne nichts anderes an als mich selber, und ich lasse die Welt nur gelten, insofern sie Ich ist. – Ich und Ich und Ich und nichts anderes spricht aus den Lehren des Krishna.

Machen wir uns das einmal ganz unverblümt klar, wie Arjuna dasteht, der das Ich noch nicht begreift, der es aber begreifen soll, und wie ihm gleich einem umfassenden, universellen kosmischen Egoisten entgegentritt der Gott, der nichts gelten läßt als sich selber, und sogar verlangt, daß auch die anderen nichts gelten lassen als ihn selber, ja, daß man in allem, was in Erde, Wasser, Feuer, Luft, in allem, was auf der Erde lebt, ja in allem, was in der Dreiwelt lebt, nichts anderes sieht als ihn.

Merkwürdig tritt uns entgegen, wie jemandem, der das Ich noch nicht begreifen kann, ein Wesen wie im Unterrichte entgegengeführt wird, das in Anspruch nimmt, nur als sein eigenes Selbst anerkannt zu werden. Wer im Lichte der Wahrheit dies sich ansehen will, lese die Bhagavad Gita durch und suche die Frage zu beantworten, mit welchem Worte man dasjenige, was der Krishna von sich sagt und wovon er verlangt, daß man es anerkennen soll, mit welchem Worte man das bezeichnen soll. Universeller Egoismus, das ist es, was aus Krishna spricht. Und so scheint uns denn, daß aus der erhabenen Gita allüberall der Refrain an unser geistiges Ohr tönt: Nur wenn ihr anerkennt, ihr Menschen, meinen allumfassenden Egoismus, dann ist Heil für euch.

Die größten Leistungen des menschlichen Geisteslebens geben uns immer Rätsel auf; nur dann sehen wir sie im rechten Lichte, wenn wir auch anerkennen und erkennen, daß sie uns die großen Rätsel aufgeben. Wahrhaftig, ein hartes Rätsel scheint uns aufgegeben zu sein, wenn wir jetzt vor der Aufgabe stehen, zu begreifen das, was wir nennen können eine erhabenste Lehre, verbunden mit der Verkündigung des universellen Egoismus. Nicht durch Logik, sondern in geschauten großen Widersprüchen des Lebens enthüllen sich uns die okkulten Geheimnisse. Es wird unsere Aufgabe sein, auch über jenes Merkwürdige hinweg innerhalb der Maya zu der Wahrheit zu kommen, so daß wir erkennen, was das eigentlich ist, was wir, wenn wir innerhalb der Maya sprechen, zu Recht einen universellen Egoismus nennen. Aus der Maya heraus müssen wir durch dieses Rätsel gelangen in die Wirklichkeit, in das Licht der Wahrheit. Wie es sich damit verhält, wie wir über dieses hinwegkommen werden in die Wirklichkeit, das soll die Aufgabe unserer nächsten Vorträge sein.

ZWEITER VORTRAG

Helsingfors, 29. Mai 1913

Wenn man sich in die okkulten Urkunden der verschiedenen Zeiten und Völker, das heißt in die wirklich okkulten Urkunden vertieft, so fällt einem unter anderm eines immer wieder und wiederum auf. Das ist etwas, worauf ich schon hinweisen konnte bei der Besprechung des Johannes-Evangeliums, worauf ich später hinweisen konnte bei der Besprechung des Markus-Evangeliums. Es ist die Tatsache, daß, wenn man tiefer in diese okkulten Urkunden eindringt, man immer mehr und mehr sich klar wird darüber, daß eigentlich diese okkulten Urkunden in einer wunderbaren, künstlerischen Komposition abgefaßt sind. Ich könnte nachweisen – und Sie können das nachlesen in dem Zyklus, den ich einstmals in Kassel gehalten habe, der ja auch gedruckt ist, über «Das Johannes-Evangelium im Verhältnis zu den drei anderen Evangelien, besonders zu dem Lukas-Evangelium» –, ich könnte zeigen, wie dieses Johannes-Evangelium, wenn man in die Tiefen dringt, eine wunderbare Komposition darstellt, eine wunderbare, künstlerisch dramatische Steigerung des Dargestellten zunächst bis zu einem Punkte herauf, dann wiederum von diesem Punkte aus wie eine Erneuerung der dramatischen Kraft bis zum Schlusse hin. Wunderbarste Steigerung dieser inneren, künstlerisch-dramatischen Komposition, die in dem Johannes-Evangelium dadurch zutage tritt, daß von sogenannten wunderbaren Taten oder von sogenannten Zeichen das Übersinnliche von Zeichen zu Zeichen dargestellt wird und von Zeichen zu Zeichen eine fortwährende Steigerung stattfindet bis zu jenem Zeichen, das uns entgegentritt in der Initiation des Lazarus. Die Art, wie uns dies entgegentritt, läßt uns ersehen, daß auf dem Grunde dieser okkulten Urkunden immer eine wunderbare künstlerische Schönheitskomposition überall zu finden ist. Ich konnte auch dasselbe nachweisen für die Gliederung und Komposition des Markus-Evangeliums. Wenn dann solche Urkunden auf ihre Schönheitskomposition hin, auf ihre dramatische Kraft hin angesehen werden, dann kann man wohl zu der Anschauung kommen, daß diese großen, okkulten Urkunden gar nicht anders sein können, als, indem sie wahr sind, zugleich im tiefsten Sinne künstlerisch schön komponiert. Zunächst sei auf diesen Umstand als auf eine Tatsache nur hingewiesen. Wir werden vielleicht im Verlaufe dieser Vorträge noch einmal auf diese Bemerkung zurückkommen.

Das Merkwürdige ist nun, daß uns auch bei der Bhagavad Gita wiederum dasselbe entgegentritt, eine wunderbare Steigerung, man möchte sagen, eine verborgene künstlerische Schönheit, so daß, wenn auch gar nichts anderes wirken würde auf die Seele, die sich vertieft in diese Bhagavad Gita, wirken müßte diese wunderbare, künstlerische Komposition. Auf einige der Hauptpunkte sei zunächst aufmerksam gemacht – und ich werde mich heute beschränken auf die vier ersten Gesänge –, auf einige Hauptpunkte sei deshalb aufmerksam gemacht, weil diese Hauptpunkte zugleich betreffen die künstlerische Komposition der Bhagavad Gita und tiefe innere okkulte Wahrheiten.

Zuerst tritt uns entgegen Arjuna. Im Angesicht des Blutvergießens, in das er eintreten soll, wird er schwach. Er sieht seine Blutsverwandten, alles dasjenige, was als Bruderkampf um ihn herum sich abspielen soll. Er bebt zurück, er will nicht gegen seine eigenen Blutsverwandten kämpfen. Und während er in dieser Stimmung ist, während ihn also Angst, Furcht, Schauder, ja ein Grauen befällt vor demjenigen, was da kommen soll, entpuppt sich ihm sein Wagenlenker als das Instrument, durch das Krishna, sagen wir zunächst der Gott, zu ihm spricht. Schon in diesem ersten Faktum wird erstens ein künstlerisches Spannungsmoment, dann aber auch ein tiefgründiges, okkultes Wahrheitsmoment angedeutet.

Derjenige, der in irgendeiner Weise den Weg findet hinein in die geistigen Welten, und wenn es auch nur wenige Schritte des Weges sind, ja selbst wenn das, was er erleben kann, nur eine Ahnung des Weges ist, der bemerkt die tiefe Bedeutung gerade dieses Momentes. Wir kommen in der Regel nicht in die geistigen Welten hinein, ohne daß wir durch eine tiefe Erschütterung unserer Seele schreiten. Etwas müssen wir erfahren in der Regel, etwas, das all unsere Kraft der Seele durchrüttelt, sie durchströmt in Gefühl und Empfindung. Gefühl und Empfindung, die sonst nur über viele Momente, über weite

Zeitläufe des Lebens verteilt sind und deshalb nur schwach fortdauernd auf die Seele wirken, beim Eingang in die okkulten Welten drängen sie sich zusammen und durchwühlen und durchkraften die Seele in einem einzigen Moment, so daß man so etwas Erschütterndes erlebt, das der Furcht, der Angst, der Bestürzung, dem Zurückbeben vor irgend etwas, vielleicht auch dem Grauen verglichen werden kann. Das gehört einmal sozusagen zu dem Ausgangspunkte okkulter Entwickelung, zu dem Eintreten in die geistigen Welten. Daher muß ja auch so große Sorgfalt verwendet werden auf jene Ratschläge, die demjenigen gegeben werden müssen, der durch eine Schulung in die geistigen Welten eintreten will. Denn wer durch Schulung in die geistigen Welten eintreten will, der muß so vorbereitet werden, daß er die eben charakterisierte Erschütterung als seelisches Ereignis, als notwendiges Erlebnis so durchlebt, daß es nicht übergreift auf seine Leiblichkeit, auf seine Gesundheit, insofern das Leibliche mit einbegriffen ist, daß dieses nicht mit erschüttert werde. Das ist das Wesentliche, daß wir nicht in bezug auf das äußere, physische Leben in Erschütterungen kommen, daß wir ertragen lernen mit äußerem Gleichmut, mit äußerer Gelassenheit Erschütterungen der Seele. Dann aber dürfen auch die gewöhnlichen Seelenkräfte, die wir im Alltagsleben brauchen, unsere gewöhnliche Intellektualität, ja, selbst die für das Alltagsleben notwendigen Phantasiekräfte, die Kräfte des Empfindens, die Kräfte des Willens im alltäglichen Leben, auch sie dürfen nicht aus dem Gleichgewicht gebracht werden. In viel tieferen Schichten muß vorgehen die Seelenerschütterung, die der Ausgangspunkt sein kann für das okkulte Leben, so daß der Mensch durch das äußere Leben geht, wie er immer gegangen ist, ohne daß irgend etwas ihm angemerkt wird in der äußeren physischen Welt, während er im Innern ganze Welten von Seelenerschütterungen durchlebt. Das heißt reif sein für die okkulte Entwickelung, so innerlich Erschütterndes erleben zu können, ohne das äußere Gleichmaß, die äußere Gelassenheit zu verlieren.

Dazu ist notwendig, daß der Mensch in der Zeit, in der er reif zu werden sich bestrebt für die okkulte Entwickelung, vor allem seine Interessenkreise erweitert, daß er von dem gewöhnlichen, alltäglichen

Leben abkommt mit seinem Interessenkreise, von dem, woran man sonst vom Morgen bis zum Abend hängt, abkommt, und daß er zu Interessen gelangt, die sich auf dem großen Horizont der Welt bewegen. Denn wer nicht erleben kann das Erschütternde des Zweifels an aller Wahrheit, an aller Erkenntnis und allem Wissen, und dieses Erschütternde nicht erleben kann mit jener Stärke, in der sonst von dem Menschen nur empfunden werden die Interessen des alltäglichen Lebens, wer nicht mitfühlen kann mit dem Schicksal der ganzen Menschheit und diesem Schicksale der ganzen Menschheit nicht ein solches Interesse entgegenbringt, wie es im alltäglichen Leben entgegengebracht wird dem Schicksale, das einen selbst unmittelbar berührt, das vielleicht noch die nächsten Stammes-, Familien- und Volkszusammenhänge berührt, der ist im Grunde noch nicht ganz geeignet für eine okkulte Entwickelung. Daher ist ja auch die moderne Geisteswissenschaft, wenn sie in Ernst und Würde getrieben wird, die richtige Vorbereitung in unserer Zeit für eine wahrhafte, okkulte Entwickelung. Mögen die Menschen, die kein Interesse gewinnen können für dasjenige, was des Anthroposophen Blick verfolgt über Welten hin, über planetarische Schicksale, über Menschenrassen und Menschenepochen hin, mögen die Menschen mit den kleinen materiellen Interessen des heutigen Tages auch darüber spötteln: für denjenigen, der sich vorbereiten will in würdiger Weise für eine okkulte Entwickelung, ist dies die Vorbereitung, dieses Heraufheben des Blickes zu jenen Gipfelpunkten, wo die Interessen der Menschheit, der Erde, des ganzen planetarischen Systems ihm zu eigenen Interessen erwachsen. Denn wo die Interessen allmählich geschärft, erweitert werden durch das Studium der Geisteswissenschaft, das dann zum Begreifen der okkulten Wahrheiten führt, auch ohne okkulte Schulung, da ist die richtige Vorbereitung für einen okkulten Weg. Gewiß, in unserer Zeit gibt es viele Menschen – diejenigen, die in den Reihen der Intellektuellen stehen, sind es oftmals gar nicht, diejenigen, die scheinbar in einem einfachen Leben an einem einfachen Orte stehen, sind es gerade oftmals –, gewiß, es gibt viele Menschen, die heute, auf einfacher Stelle stehend, wie durch einen natürlichen Instinkt diese Interessen für die Gesamtmenschheit haben:

und weil dies so ist, deshalb ist die Anthroposophie etwas so Zeitgemäßes.

Erst muß man also dasjenige lernen, was wie eine gewaltige Erschütterung der Seele am Ausgangspunkte okkulten Erlebens stehen muß. Mit wunderbarer Wahrheit wird nun ein solcher Moment hingestellt an den Ausgangspunkt des Erlebens von Arjuna; nur daß er nicht durch eine Schulung geht, sondern hineingestellt wird durch sein Schicksal. Hineingestellt wird er in den Kampf, ohne daß er Notwendigkeit, Zweck, Ziel dieses Kampfes erkennen kann. Er sieht nur, daß Blutsverwandte gegen Blutsverwandte kämpfen wollen, und es kann im Innersten erschüttert werden eine solche Seele, die wie Arjuna sich sagt: Bruder gegen Bruder kämpft. Ist es dann nicht klar, daß alle Stammessitten schwanken, daß dann auch der Stamm dahinsiechen muß, daß er vernichtet werden muß, daß die Moralität des Stammes dahinsinkt? Dann müssen die Gesetze wanken, die nach dem ewigen Schicksal die Menschen in die Kasten hineinstellen, dann müssen die Gesetze der Kasteneinteilung wanken, dann wankt der Mensch, wankt der Stamm, dann wankt das Gesetz, dann wankt die ganze Welt, die ganze Bedeutung des Menschentums. – Das ist sein Empfinden, es ist so, wie wenn der Boden sich ihm unter den Füßen hinwegziehen wollte, wie wenn ein Abgrund sich auftun wollte für all sein Empfinden. Ein solcher Mensch wie Arjuna hat es mit seinem Gefühle aufgenommen, was heute die Menschen nicht mehr wissen, was in alten Zeiten aber uralte Überlieferung und Lehre war: daß dasjenige, was sich fortpflanzt von Geschlecht zu Geschlecht, von Generation zu Generation in der Menschheit, gebunden ist an die Natur der Frau, während das individuell Persönliche, dasjenige, was den Einzelmenschen als Individualität herausreißt aus dem Zusammenhang des Blutes, der Generation, gebunden ist an die Natur des Mannes. Dasjenige, was den Menschen mehr hineinstellt in die Reihe der Generationen, was sich als gemeinsame Natur, als Artnatur des Menschen vererbt, das ist der Teil, den die Frau vererbt auf die Nachkommen. Dasjenige, was die Menschen zu einem Besonderen, Individuellen gestaltet, was sie herausreißt aus der Generationenreihe, das ist der Teil, den der Mann gibt. Muß nicht in die

Gesetzmäßigkeit der Frauennatur, so sagt sich Arjuna, Übles hineinkommen, wenn Blut gegen Blut kämpfen muß?

Und weiter: Eine andere Empfindung, ein anderes Gefühl, das aufgenommen hat Arjuna, das bei ihm zusammenhängt mit alle dem, was er als Heil der gesamten Menschheitsentwickelung empfindet, es ist das Gefühl: Die Ahnen, die Väter sind ehrwürdig, und ihre Seelen wachen über den nachfolgenden Geschlechtern, und ein hoher, heiliger Dienst ist es, den Manen, den heiligen Seelen der Ahnen zu opfern, Opferfeuer darzubringen. – Was aber muß Arjuna sehen? Statt daß Altäre vor ihm stehen, auf denen die Opferfeuer brennen für die Ahnen, fallen diejenigen sich gegenseitig an, die für die gemeinsamen Ahnen die Opferfeuer anzünden sollten. Kämpfend fallen sie sich an.

Wenn man verstehen will eine Seele, dann muß man sich in die Gedanken dieser Seele vertiefen, dann muß man noch mehr in die Empfindung dieser Seele sich hineinversetzen. Denn mit den Empfindungen hängt die Seele innig zusammen, innig zusammen mit dem, was ihr Leben ist. Und nun denke man den Kontrast, den unendlichen Kontrast zwischen dem, was Arjunas Empfindung sein sollte, und dem, was rings herum als blutiger Bruderkampf sich ausbreiten sollte. Das heißt, das Schicksal rüttelt an die Seele des Arjuna. Ein Ereignis tiefster Erschütterung findet statt, das für diese Seele so ist, wie wenn sich ihr der Boden unter den Füßen entzöge und sie in den schauerlichsten Abgrund hinunterblicken müßte. Solche Erschütterung ist Kraft der Seele, ruft die ersten Kräfte der Seele wach, solche Erschütterung bringt die Seele zum Schauen desjenigen, was sonst wie durch einen Schleier verborgen ist: der okkulten Wirklichkeit. Das ist gleich das bedeutsame Spannungsmoment in der Bhagavad Gita, daß uns nicht nur in abstrakter Weise, schulmäßig, pedantisch gewissermaßen ein Unterricht im Okkultismus entgegengebracht wird, sondern daß in höchster Weise künstlerisch uns dargestellt wird, wie aus dem Schicksal des Arjuna heraus sich entwickeln muß, was nun entsteht.

Und nun, nachdem es gerechtfertigt ist, daß die tieferen okkulten Kräfte in der Seele des Arjuna hervorkommen können, daß innerlich erschaut werden können diese Kräfte, da tritt ein, was jetzt für jeden, der schauen kann, selbstverständlich ist: sein Wagenlenker wird zum Instrument, durch das der Gott Krishna zu ihm spricht. Und nun merken wir in den vier ersten Gesängen drei Etappen, drei Stufen, jede folgende höher als die vorhergehende, jede folgende etwas Neues. Gleich in den vier ersten Gesängen eine wunderbare künstlerisch dramatische Steigerung, neben dem, daß diese Steigerung einer tiefen okkulten Wahrheit entspricht. Was ist das erste? Das erste ist eine Lehre, die im Grunde genommen, so wie sie gegeben wird, manchem abendländischen Menschen sogar trivial vorkommen könnte. Das sei ohne weiteres zugegeben. Ich bemerke in Parenthese, daß ich mit abendländisch oder westländisch – und gerade mit Rücksicht auf meine hiesigen lieben Freunde möchte ich dies sagen –, daß ich mit westländisch alles verstehe, was westlich von Ural, Wolga, Kaspischem Meer sogar und Kleinasien liegt, also ganz Europa selbstverständlich. Das Ostländische liegt im wesentlichen in Asien drüben. Natürlich gehört Amerika zu dem Westländischen.

Da ist zunächst also eine merkwürdige, gerade für manches philosophische Gemüt, man könnte sagen, triviale Lehre. Was sagt denn zunächst Krishna dem Arjuna wie ein Wort der Anfeuerung zum Kampf? Siehe hinüber auf diejenigen, die durch euch getötet werden sollen, siehe auf diejenigen, die aus euren Reihen getötet werden sollen, siehe auf diejenigen, die getötet werden sollen, und auf diejenigen, die leben bleiben sollen, berücksichtige das eine: Was stirbt oder was am Leben bleibt bei den Feinden und bei euch, das ist die äußere physische Leiblichkeit. Der Geist ist ewig. Und wenn die Deinigen töten jene, die drüben in den anderen Reihen sind, dann töten sie ja nur den äußeren Leib, dann töten sie nicht den Geist, der ewig ist. Und diejenigen, die von euch getötet werden, sie werden nur dem Leibe nach getötet, der Geist aber geht von Verwandlung zu Verwandlung, von Inkarnation zu Inkarnation, er ist ewig. Das ewige, tiefste Wesen des Menschen berührt ihr gar nicht in diesem Kampf. Erhebe dich, Arjuna, zu dem Standpunkte des Geistes, und du wirst hinschauen können auf dasjenige, was nicht getötet werden kann, was am Leben bleibt. Du kannst dich deiner Pflicht opfern, du brauchst nicht zu schaudern, du brauchst nicht trostlos zu sein, da du das Wesentliche nicht tötest, wenn du die Feinde tötest.

Zunächst ist dies in gewissem Sinne eine Trivialität, nur ist es eine Trivialität von ganz besonderer Art. Der Abendländer hat in vieler Beziehung ein recht kurzes Denken, ein recht kurzes Bewußtsein. Er bedenkt gar nicht, daß alles in Entwickelung ist. Davon zu sprechen, daß dasjenige, was ich eben jetzt als eine Unterweisung des Krishna ausgesprochen habe, davon zu sprechen, daß das trivial sei, das kommt etwa dem gleich, wie wenn jemand sagen würde: Ja, da verehrt man den Pythagoras als einen so großen Geist, aber seinen Lehrsatz kennt ja jeder Schulbub und jedes Schulmädchen. – Das wäre doch ein sehr törichtes Urteil, wenn man von dem Umstand, daß jeder Schulbub den Pythagoräischen Lehrsatz kennt, schließen würde, daß Pythagoras eben kein großer Mann gewesen sei, weil er den Pythagoräischen Lehrsatz gefunden hat. Da merkt man das Törichte nur; man merkt es aber nicht mehr, wenn man nicht empfindet, daß dasjenige, was heute alle westländischen Philosophen plappern können als Krishnaweisheit: von der Ewigkeit des Geistes, von der Unsterblichkeit des Geistes, daß das in der Zeit, als es Krishna verkündete, eine hohe Weisheit war.

Solche Seelen wie Arjuna fühlten zwar: Blutsverwandte dürfen sich nicht bekämpfen, empfanden zwar noch das gemeinsame Blut in einer Mehrheit von Menschen, aber etwas völlig Neues, etwas, was ganz neu, epochal neu in seine Seele tönte, war der in abstrakten Worten, in Verstandesworten ausgesprochene Satz: Der Geist ist ewig – der Geist als dasjenige betrachtet, was gewöhnlich abstrakt im Zentrum des Menschen gedacht wird –, der Geist ist ewig und geht durch Verwandlungen hindurch, schreitet von Inkarnation zu Inkarnation. Im Konkreten glaubte jeder Mensch in der Umgebung des Arjuna an die Wiederverkörperung. In der Allgemeinheit, in der Abstraktheit, wie es Krishna lehrte, war es, besonders angesichts der Situation für Arjuna, etwas völlig Neues.

Das ist das eine, warum das, was eben ausgesprochen worden ist, eigentlich in einem ganz besonderen Sinne eine triviale Wahrheit genannt werden mußte. Es gilt aber auch noch in einem anderen Sinne.

Dasjenige, was wir heute, selbst wenn wir populäre Wissenschaft treiben, als dem Menschen etwas ganz Natürliches ansehen, unser Denken, unser abstraktes Denken, das war ganz und gar nicht immer bei dem Menschen etwas Selbstverständliches und Natürliches. Es ist gut, wenn man, um so etwas zu charakterisieren, gleich zu den radikalen Fällen seine Zuflucht nimmt. Ihnen allen wird es sonderbar vorkommen, wenn man folgendes sagt: Für Sie alle ist es ein natürliches Faktum, zum Beispiel von einem Fisch zu sprechen. Bei primitiven Völkern ist das ganz und gar nicht ein natürliches Faktum. Primitive Völker kennen wohl Forellen, Lachse, Stockfische, Heringe, aber «Fisch» kennen sie nicht. Sie haben gar nicht das Wort «Fisch», weil sie bis zu solcher Abstraktheit, bis zu solcher Allgemeinheit mit dem Denken gar nicht gehen. Birkenbäume, Kirschenbäume, Orangenbäume, einzelne Bäume kennen sie, aber «Baum» kennen sie nicht. Dasjenige, was uns ganz natürlich ist, das Denken in allgemeinen Begriffen, das ist heute noch bei primitiven Völkern gar nicht etwas Natürliches.

Wenn man sich dieses Faktum vor Augen führt, dann muß man sich klar sein, daß auch dasjenige, was man im heutigen Sinne «Denken in allgemeinen Begriffen» nennt, daß dieses besondere Denken erst im Laufe der Entwickelung in die Menschheit eingetreten ist. Ja, für denjenigen, der ein wenig darüber nachdenkt, warum Logik erst im alten Griechenland entstanden ist, könnte es gar nicht besonders auffällig sein, wenn gesagt wird aus okkulter Erkenntnis heraus, daß logisches Denken eigentlich überhaupt erst seit jener Zeit existiert, die nach der ursprünglichen Abfassung der Bhagavad Gita verflossen ist. Auf logisches Denken, auf Denken in Abstraktionen weist gewissermaßen als auf etwas Neues, was jetzt erst in die Menschheit eintreten soll, Krishna den Arjuna hin. Aber dieses Denken, das der Mensch so entwickelt, dieses Denken, das nimmt man zwar heute als etwas ganz Natürliches, aber man hat die schiefesten, unnatürlichsten Ansichten über dieses Denken. Und gerade die westländischen Philosophen haben über dieses Denken die allerschiefsten Anschauungen, denn man hält gewöhnlich dieses Denken für eine bloße Photographie der äußeren sinnlichen Wirklichkeit, man glaubt, die

Begriffe, Ideen entstehen im Menschen, dieses ganze innere Denken überhaupt entstehe im Menschen von der physischen Außenwelt herein. Ganze Bibliotheken von philosophischen Werken sind geschrieben worden in der abendländischen Literatur, um nachzuweisen, daß dieses Denken eigentlich nichts anderes sei als etwas, was durch die physische Außenwelt angeregt entstanden sei. Wir erst leben in der Zeit, wo dieses Denken in der richtigen Weise gewürdigt werden kann.

Hier komme ich auf einen Punkt zu sprechen, der ganz und gar wichtig ist gerade für diejenigen, die mit der eigenen Seele eine okkulte Entwickelung durchmachen wollen. Ich möchte wirklich alles versuchen, um gerade über dasjenige, was ich jetzt aussprechen will, Klarheit hervorzurufen. Gewiß, mittelalterliche Alchimisten haben gesagt – und ich kann heute nicht auseinandersetzen, was sie eigentlich damit gemeint haben –, sie haben gesagt, man könne aus allen Metallen Gold machen, Gold in so großer Menge, wie man will, nur muß man zunächst unbedingt ein Winziges an Gold haben. Ohne daß man das hat, kann man kein Gold machen. Aber wenn man ein Winzigstes an Gold hat, kann man beliebige Mengen Goldes machen. – So ist es nämlich, wenn auch nicht mit dem Goldmachen, so ist es mit dem Hellsehen. Kein Mensch könnte eigentlich zu wirklichem Hellsehen kommen, wenn er nicht zunächst ein Winziges an Hellsehen in der Seele hätte. Wenn es wahr wäre, was ein allgemeiner Glaube ist, daß die Menschen, wie sie sind, nicht hellsichtig seien, dann könnten sie überhaupt nicht hellsichtig werden. Denn wie der Alchimist meint, daß man etwas Gold haben muß, um viele Mengen Goldes hervorzuzaubern, so muß man unbedingt etwas hellsehend schon sein, damit man dieses Hellsehen immer weiter und weiter ins Unbegrenzte hinein ausbilden kann.

Nun könnten Sie ja die Alternative aufstellen und sagen: Also glaubst du, daß wir schon alle hellsichtig sind, wenn auch nur ein Winziges, oder daß diejenigen unter uns, die nicht hellsichtig sind, es auch nie werden können? – Sehen Sie, darauf kommt es an, daß man versteht, daß der erste Fall der Alternative richtig ist: Es gibt wirklich keinen unter Ihnen, der nicht – wenn er sich dessen auch nicht bewußt ist – diesen Ausgangspunkt hätte. Sie haben ihn alle. Keiner von Ihnen ist in der Not, weil Sie alle ein gewisses Quantum Hellsehen haben. Und was ist dieses Quantum? Das ist dasjenige, was gewöhnlich gar nicht als Hellsehen geschätzt wird.

Verzeihen Sie einen etwas groben Vergleich: Wenn eine Perle am Wege liegt und ein Huhn findet sie, so schätzt das Huhn die Perle nicht besonders. Solche Hühner sind die modernen Menschen zumeist. Sie schätzen die Perle, die ganz offen daliegt, gar nicht, sie schätzen etwas ganz anderes, sie schätzen nämlich ihre Vorstellungen. Niemand könnte abstrakt denken, wirkliche Gedanken und Ideen haben, wenn er nicht hellsichtig wäre, denn in den gewöhnlichen Gedanken und Ideen ist die Perle der Hellsichtigkeit von allem Anfange an. Diese Gedanken und Ideen entstehen genau durch denselben Prozeß der Seele, durch den die höchsten Kräfte entstehen. Und es ist ungeheuer wichtig, daß man zunächst verstehen lernt, daß der Anfang der Hellsichtigkeit etwas ganz Alltägliches eigentlich ist: man muß nur die übersinnliche Natur der Begriffe und Ideen erfassen. Man muß sich klar sein, daß aus den übersinnlichen Welten die Begriffe und Ideen zu uns kommen, dann erst sieht man recht. Wenn ich Ihnen erzähle von Geistern der höheren Hierarchien, von den Seraphim, Cherubim, von den Thronen herunter bis zu den Archangeloi und Angeloi, so sind das Wesenheiten, die aus geistigen, höheren Welten zu der Menschenseele sprechen müssen. Aus eben diesen Welten kommen der Seele die Ideen und Begriffe, sie kommen geradezu in die Seele aus höheren Welten herein und nicht aus der Sinnenwelt.

Es wurde als ein großes Wort eines großen Aufklärers gehalten, das dieser gesagt hat im 18. Jahrhundert: Mensch, erkühne dich, deiner Vernunft dich zu bedienen. – Heute muß ein größeres Wort in die Seelen klingen, das heißt: Mensch, erkühne dich, deine Begriffe und Ideen als die Anfänge deines Hellsehertums anzusprechen. – Das, was ich jetzt ausgesprochen habe, habe ich schon vor vielen Jahren ausgesprochen, ausgesprochen in aller Öffentlichkeit, nämlich in meinen Büchern «Wahrheit und Wissenschaft» und «Philosophie der Freiheit», wo ich gezeigt habe, daß die menschlichen Ideen aus übersinnlichem, geistigem Erkennen kommen. Man hat es dazumal nicht verstanden;

das ist ja auch kein Wunder, denn diejenigen, die es hätten verstehen sollen, die gehörten, nun ja, halt zu den Hühnern. Wir müssen uns aber klar sein, daß in dem Augenblick, wo Krishna vor dem Arjuna steht, er ihm sozusagen zum ersten Male in der ganzen Menschheitsentwikkelung den Ausgangspunkt für die Erkenntnis der höheren Welten in der Durchdringung des abstrakten Urteilens gibt. Der Geist kann gesehen werden ganz in der Oberfläche der Verwandlungen innerhalb der äußeren Sinnenwelt. Die Leiber können sterben, der Geist, das Abstrakte, das Wesentliche ist ewig. Ganz in der Oberfläche der Erscheinungen kann das Geistige gesehen werden. Das ist es, was Krishna dem Arjuna als den Anfang eines neuen Hellsehertums des Menschen klar machen will.

Für den heutigen Menschen ist eines notwendig, wenn er zu einer innerlich erlebten Wahrheit kommen will. Wenn er wirklich einmal innerlich Wahrheit erleben will, dann muß der Mensch einmal durchgemacht haben das Gefühl der Vergänglichkeit aller äußeren Verwandlungen, dann muß der Mensch die Stimmung der unendlichen Trauer, der unendlichen Tragik und das Frohlocken der Seligkeit zugleich erlebt haben, erlebt haben den Hauch, den Vergänglichkeit aus den Dingen ausströmt. Er muß sein Interesse haben fesseln können an diesen Hauch des Werdens, des Entstehens und der Vergänglichkeit der Sinnenwelt. Dann muß der Mensch, wenn er höchsten Schmerz und höchste Seligkeit an der Außenwelt hat empfinden können, einmal so recht allein gewesen sein, allein gewesen sein nur mit seinen Begriffen und Ideen; dann muß er einmal empfunden haben: Ja, in diesen Begriffen und Ideen, da fassest du doch das Weltengeheimnis, das Weltgeschehen an einem Zipfel – derselbe Ausdruck, den ich einstmals gebraucht habe in meiner «Philosophie der Freiheit». – Aber erleben muß man dieses, nicht bloß verstandesmäßig begreifen, und wenn man es erleben will, erlebt man es in völligster Einsamkeit.

Und man hat dann noch ein Nebengefühl. Auf der einen Seite erlebt man die Grandiosität der Ideenwelt, die sich ausspannt über das All, auf der anderen Seite erlebt man mit der tiefsten Bitternis, daß man sich trennen muß von Raum und Zeit, wenn man mit seinen

Begriffen und Ideen zusammensein will. Einsamkeit! Man erlebt die frostige Kälte. Und weiter enthüllt sich einem, daß die Ideenwelt sich jetzt wie in einem Punkte zusammengezogen hat, wie in einem Punkte dieser Einsamkeit. Man erlebt: Jetzt bist du mit ihr allein. – Man muß das erleben können. Man erlebt dann das Irrewerden an dieser Ideenwelt, ein Erlebnis, das einen tief aufwühlt in der Seele. Dann erlebt man es, daß man sich sagt: Vielleicht bist du das alles doch nur selber, vielleicht ist an diesen Gesetzen nur wahr, daß es lebt in dem Punkte deiner eigenen Einsamkeit. – Dann erlebt man, ins Unendliche vergrößert, alle Zweifel am Sein.

Wenn man dieses Erlebnis in seiner Ideenwelt hat, wenn sich aller Zweifel am Sein schmerzlich und bitter abgeladen hat auf die Seele, dann erst ist man im Grunde reif dazu, zu verstehen, wie es doch nicht die unendlichen Räume und die unendlichen Zeiten der physischen Welt sind, die einem die Ideen gegeben haben. Jetzt erst, nach dem bitteren Zweifel, öffnet man sich den Regionen des Spirituellen und weiß, daß der Zweifel berechtigt war, und wie er berechtigt war. Denn er mußte berechtigt sein, weil man geglaubt hat, daß die Ideen aus den Zeiten und Räumen in die Seele gekommen seien. Aber was empfindet man jetzt? Als was empfindet man die Ideenwelt, nachdem man sie erlebt hat aus den spirituellen Welten heraus? Jetzt fühlt man sich zum ersten Male inspiriert, jetzt beginnt man, während man früher wie einen Abgrund die unendliche Öde um sich ausgedehnt empfunden hat, jetzt beginnt man sich zu fühlen wie auf einem Felsen stehend, der aus dem Abgrunde emporwächst, und man fühlt sich so, daß man weiß: Jetzt bist du in Verbindung mit den geistigen Welten, diese und nicht die Sinnenwelt haben dich mit der Ideenwelt beschenkt. – Das ist eine nächste Etappe für die sich entwickelnde Seele. Das ist diejenige Etappe, wo es beim Menschen beginnt mit dem, was heute schon eine triviale Wahrheit geworden ist, recht ernst zu werden. Daß man dieses Fühlen im Herzen trägt, das ist die Vorbereitung dazu, daß man überhaupt im richtigen Sinne empfindet, was jetzt, nach der gewaltigen, großen Erschütterung der Seele des Arjuna, von Krishna dem Arjuna als erste Wahrheit gegeben wird: die Wahrheit von dem ewigen Geiste, der in den Verwandlungen lebt. In Begriffen und Ideen wird zum abstrakten Verstande gesprochen, Krishna spricht zum Herzen des Arjuna, und was ganz trivial für den Verstand sein mag, ist etwas unendlich Tiefes, Erhabenes für das Herz.

Wir sehen, wie sich die erste Etappe sogleich als etwas ergibt, was mit Notwendigkeit hervorgeht aus der tiefen Lebenserschütterung, die wir am Ausgangspunkte der Bhagavad Gita sehen. Und nun die nächste Etappe. Man spricht sehr leicht von demjenigen, was man oftmals dem Okkultismus gegenüber als Dogma bezeichnet, als etwas, was man auf Treu und Glauben hinnimmt und wie ein Evangelium verkündet. Um mich zu erklären, möchte ich Sie darauf aufmerksam machen, daß es unendlich billig wäre, wenn jemand auftreten würde und sagen würde: Da hat einer eine «Geheimwissenschaft» veröffentlicht und spricht darin von einer Saturn-, Sonnen- und Mondentwickelung. Das kann man nicht kontrollieren, das kann man nur als Dogma hinnehmen. – Ich würde es begreifen, wenn so etwas gesagt würde, denn begreiflich ist so etwas aus der Oberflächlichkeit unserer Zeit heraus; denn oberflächlich ist unsere Zeit doch. Ja, es ist unter gewissen Voraussetzungen sogar wahr, aber nur unter der Voraussetzung, daß man aus dem Buche alle Seiten wegreißt, die dem Kapitel über die Saturnentwickelung zum Beispiel vorangehen. In dem Augenblick ist dieses Kapitel Dogma, wenn jemand mit diesem Kapitel das Buch beginnen würde. Würde direkt in diesem Buch bei der Saturnentwickelung begonnen, so wäre der Schreiber ein Dogmatiker. Wenn er aber voraussetzt die andern Kapitel, so ist er ganz und gar kein Dogmatiker, denn er zeigt, welchen Weg diese Seele durchzumachen hat, um zu solchen Anschauungen zu kommen. Darauf kommt es an. Es kommt darauf an, daß gezeigt wird, wie jede einzelne Seele, wenn sie sich in den Tiefen erfaßt, zu solchen Anschauungen kommen muß. Dadurch hört aller Dogmatismus auf.

Man kann es daher als natürlich empfinden, daß Krishna dem Arjuna gegenüber, indem er ihn hineinführen will in die okkulte Welt und nachdem er ihm die Ideenwelt klar gemacht hat, ihm jetzt die nächste Stufe zeigt, zeigt, wie jede Seele, wenn sie den richtigen

Ausgangspunkt findet, in die okkulten Welten kommen kann. Was muß also Krishna tun? Dazu muß Krishna allen Dogmatismus ablehnen. Und radikal lehnt er allen Dogmatismus ab. Ein hartes Wort finden wir sogleich bei dieser nächsten Stufe. Dasjenige, was den höchsten Menschen jener Zeiten durch Jahrhunderte hindurch heilig war, der Inhalt der Veden, wird radikal abgelehnt: Halte dich nicht an die Veden, halte dich nicht an das Vedawort, halte dich an Yoga. – Das heißt, halte dich an das Innere deiner eigenen Seele. Fassen wir ins Auge, was da gesagt werden soll.

Die Veden enthalten im Sinne des Krishna nicht Unwahrheit, aber Krishna will nicht, daß Arjuna dasjenige, was in den Veden gegeben ist, dogmatisch hinnimmt wie die Vedenschüler, sondern Krishna will ihn heranziehen, daß er von dem ursprünglichsten Entwickelungspunkt der Menschenseele ausgehe. Da muß alle dogmatische Weisheit beiseite gesetzt werden. Dann könnte Krishna etwa sprechen, wie beiseite – wir können uns ja vorstellen, daß Krishna zu sich beiseite spricht –, dann könnte er sich sagen: Und wenn Arjuna auch zuletzt zu all demselben kommen soll, was in den Veden steht, ich muß ihn ablenken von den Veden, denn er soll den eigenen Weg aus den Ursprüngen seiner Seele machen. – Von Krishna werden die Veden abgelehnt, gleichgültig, ob sie Wahrheit oder Unwahrheit enthalten. Denn vom Ursprünglichen der Seele soll Arjuna den Weg nehmen, er soll aus sich, aus einer inneren Eigenheit den Krishna kennenlernen. Für Arjuna muß vorausgesetzt werden, was vorausgesetzt werden kann, wenn man in die konkreten Wahrheiten der oberen übersinnlichen Welten wirklich eintreten kann. So daß also, nachdem Krishna den Arjuna aufmerksam gemacht hat auf etwas, was von diesem Zeitraum der Verkündung der Bhagavad Gita an, allgemein menschlich ist, nachdem er ihn darauf geführt hat, er ihn auch dahin führen muß, zu erkennen, was er bekommen soll durch den Yoga. Denn Yoga muß Arjuna erst durchmachen. Das ist die Steigerung zu einer nächsten Etappe hinauf.

Wir sehen, wie – als zweite Stufe – mit wichtiger dramatischer Steigerung zu dem Allerindividuellsten hin die Bhagavad Gita weiterschreitet in diesen vier ersten Gesängen. Nun schildert Krishna dem

Arjuna den Yogaweg – darüber werden wir morgen noch genauer zu sprechen haben –, er schildert diesen Weg, den Arjuna durchzumachen hat, um zu der nächsten Stufe heraufzukommen, von dem alltäglichen Hellsehen der Begriffe und Ideen zu dem, was nur durch Yoga erlangt werden kann. Die Begriffe und Ideen brauchen nur in das richtige Licht gestellt zu werden, zu Yoga muß er geführt werden. Das ist die zweite Stufe.

Die dritte Stufe: wiederum eine dramatische Steigerung, wiederum ein Aussprechen einer tiefen okkulten Wahrheit. Worin besteht diese dritte Stufe?

Nehmen wir an, jemand gehe wirklich einmal den Yogaweg. Wenn er das tut, dann kommt er dazu – diese Dinge werden wir noch genauer darstellen –, von seinem gewöhnlichen Bewußtsein zu einer höheren Bewußtseinsstufe hinaufzusteigen, zu derjenigen Bewußtseinsstufe, die nicht bloß das Ich umfaßt, welches zwischen Geburt und Tod liegt, sondern jenes Ich umfaßt, das von Inkarnation zu Inkarnation geht. In einem erweiterten Ich erkennt sich die Seele, in ein erweitertes Ich, in ein erweitertes Bewußtsein, wächst die Seele hinein. Die Seele macht einen Prozeß durch, der im Grunde auch alltäglich ist, aber der in der Alltäglichkeit eben nicht voll erlebt wird. Der Mensch schläft ja an jedem Abend ein. Dann erstirbt um ihn herum die Sinnenwelt, er wird für diese Sinnenwelt bewußtlos. Es ist nun eine Möglichkeit für die Seele, die Sinnenwelt wie beim Einschlafen verschwinden zu lassen, aber um in höheren Welten wie in einer Wirklichkeit zu leben. Da ersteigt der Mensch eine hohe Bewußtseinsstufe. Wenn der Mensch allmählich – und wir werden eben von dem Yoga und auch von modernen Übungen zu sprechen haben –, wenn der Mensch dazu gelangt, nicht mehr mit seinem Bewußtsein in sich zu leben, zu fühlen und zu wissen, sondern mit der ganzen Erde zu leben, zu fühlen und zu wissen, dann wächst er auf zu einer höheren Bewußtseinsstufe, wenn die gewöhnlichen Sinnesdinge für ihn verschwinden wie im Schlaf. Dazu aber ist notwendig, daß der Mensch sich zu identifizieren vermag mit seiner Planetenseele, mit der Erdenseele. Wir werden sehen, daß er das kann. Wir wissen, daß der

Mensch nicht nur einschläft und aufwacht, sondern auf der anderen Seite erlebt auch noch andere Rhythmen der Erde: Winter, Sommer. Wenn der Mensch den Yogaweg geht oder moderne okkulte Übungen ausführt, dann kann er sich erheben über das gewöhnliche Bewußtsein, das die Zyklen Wachen und Schlafen, Winter und Sommer erlebt, dann kann er sich erheben, indem er lernt, sich selber von außen anzuschauen. Dann wird der Mensch gewahr, daß er auf sich zurückschauen kann so, wie er sonst auf die Dinge nach außen schaut. Jetzt betrachtet er auch die Dinge, die Zyklen im äußeren Leben. Dann sieht er abwechselnde Zustände. Er sieht, wie sein Leib, solange er außerhalb seiner selbst ist, eine Gestalt annimmt, welche gleicht der Erde mit ihrer Vegetation im Sommer. Was die materielle physische Wissenschaft als Nerven konstatiert, beginnt der Mensch dann wahrzunehmen wie ein Aufsprossen von etwas Pflanzlichem beim Einschlafen, und wenn er wieder in das alltägliche Bewußtsein sich zurückversetzt, dann fühlt er, wie dieses Pflanzliche wiederum zusammenschrumpft und das Instrument des Denkens, Fühlens und Wollens wird im tagwachen Bewußtsein des Menschen. Er fühlt sein Herausgehen und Wiederhineingehen in den Leib analog dem Wechsel von Winter und Sommer auf der Erde, und zwar fühlt er ein Sommerliches beim Einschlafen, ein Winterliches beim Aufwachen. Nicht etwa ist das Umgekehrte der Fall, wie man nach äußeren, oberflächlichen Begriffen leicht denken könnte. Er lernt aber von diesem Augenblicke an verstehen, was der Erdgeist ist, daß dieser im Sommer schläft und im Winter wacht, und nicht umgekehrt.

Das lernt der Mensch kennen, er lernt kennen das große Erlebnis, sich zu identifizieren mit dem Erdgeist. Er sagt sich von diesem Augenblicke an: Ich lebe nicht nur in meiner Haut, ich lebe, wie die Zelle in meinem Organismus, so ich im Organismus der Erde. Die Erde schläft im Sommer und wacht im Winter, wie ich schlafe und wache im Tageswechsel. Und wie die Zelle zu meinem Bewußtsein steht, so stehe ich zum Bewußtsein der Erde.

Der Yogaweg, namentlich im modernen Sinne, führt zu dieser Erweiterung des Bewußtseins, führt zu der Identifizierung unseres eigenen Wesens mit einem umfassenderen Wesen. Wir fühlen uns dann so mit der ganzen Erde verwoben. Aber indem wir das tun, fühlen wir uns nicht mehr als Menschen an eine bestimmte Zeit und an einen bestimmten Ort gefesselt, sondern wir fühlen unser Menschentum, wie es sich entwickelt hat vom Erdenursprung bis zum Erdenende. Wir fühlen die ganze unendliche Reihe unserer Entwickelungen durch die Erdenevolution hindurch. So schreitet Yoga weiter zu dem Sich-eins-Fühlen mit dem, was von Verkörperung zu Verkörperung, von Inkarnation zu Inkarnation in der Erdenentwickelung geht. Das muß die nächste, die dritte Stufe sein. Das ist es auch, was zu der schönen, künstlerischen Komposition der Bhagavad Gita führt, daß dieser erhabene Sang in seiner inneren künstlerischen, sich steigernden Komposition okkulte tiefe Wahrheiten spiegelt: erstens Unterweisung in den gewöhnlichen, dazumal alltäglichen Begriffen, zweitens Anleitung zum Yogaweg, drittens die Beschreibung der wunderbaren Ausbreitung des Horizontes über die ganze Erde hin, da wo Krishna vor Arjuna die Vorstellung entwickelt: Alles, was in deiner Seele lebt, hat oftmals gelebt, du weißt es nur nicht. Aber ich habe in mir dies Bewußtsein, wenn ich zurückschaue in die Verwandlungen, die ich durchlebte, und ich will dich heraufführen, damit du lernst dich fühlen, wie ich mich fühle. – Ein neues dramatisches Moment! Ebenso schön, wie auf der anderen Seite tief okkult wahr. Die Entwickelung der Menschheit vom Alltagsbewußtsein heraus, von der Perle am Wege, die nur erst bekannt sein muß, von der in der jeweiligen Zeit alltäglichen Gedanken- und Begriffswelt, bis herauf zur Überschau dessen, was in Wahrheit in uns ist und von Erdeninkarnation zu Erdeninkarnation lebt.

DRITTER VORTRAG

Helsingfors, 30. Mai 1913

Es kam mir im vorigen Vortrage darauf an, zu zeigen, wie das gegenwärtige, mehr ins Abstrakte gehende menschliche Denken nicht eigentlich eine Gabe der äußeren physischen Welt ist, sondern wie es eine Gabe ist der spirituellen Welt, wie im Grunde genommen dieses abstrakte menschliche Denken in die menschliche Seele genau auf dieselbe Weise hereinkommt wie die Offenbarungen der Wesenheiten höherer Hierarchien. Das Wesentliche ist also dieses, daß wir wirklich im alltäglichen, im gewöhnlichen Leben etwas in uns tragen, was ganz die Natur der hellseherischen Erkenntnis schon hat.

Wir tragen aber nun auch als Menschen etwas anderes noch in uns, das im Grunde genommen noch viel mehr die Natur hellseherischer Erkenntnis hat, nur in einer, man möchte sagen, noch versteckteren Weise. Das ist jenes Bewußtsein des Menschen, welches auftritt zwischen dem gewöhnlichen alltäglichen Wachzustand und dem Schlafzustand: es ist das Traumbewußtsein. Man kann nicht gut kennenlernen, in wirklich praktischer Weise, den Aufstieg der menschlichen Seele in die höheren Welten, wenn man nicht Aufklärung sich zu verschaffen versucht über jenes merkwürdige Leben der menschlichen Seele in dem Dämmerzustande des Träumens. Was ist denn eigentlich dieser Traum? Betrachten wir ihn zunächst einmal so, wie er uns im gewöhnlichen Leben entgegentritt.

Der Mensch hat um sich herum oder auch vor sich Bilder, gewissermaßen flüchtigere, nicht mit ebenso festen Konturen auftretende Bilder, als es die Wahrnehmungen des gewöhnlichen alltäglichen Lebens sind. Es huschen gleichsam vor der Seele vorbei die Traumvorstellungen, und wenn man dann eintritt in eine, man möchte sagen, nüchterne Untersuchung dieser Traumvorstellungen, dann kann einem auffallen, daß doch in den meisten Fällen diese Traumvorstellungen in irgendeiner Weise zusammenhängen mit dem äußeren Leben, wie wir es verbringen auf dem physischen Plane. Gewiß, es gibt Menschen, die leichten Herzens in den Träumen gleich etwas

Hohes, etwas Wunderbares, ja, Offenbarungen von höheren Welten sehen wollen. Es gibt Menschen, welche leichten Herzens glauben, wenn dieser oder jener Traum auftritt, er gäbe ihnen etwas, was sie im gewöhnlichen Leben noch nicht erfahren hätten, er rufe in die Seele etwas herein, was gegenüber diesem gewöhnlichen Leben ein Neues, ein nie Dagewesenes sei. In vielen Fällen, ja vielleicht in den weitaus meisten Fällen wird man hierin sich täuschen, wenn man einen solchen Traum so auffaßt; man wird einfach sozusagen aus Flüchtigkeit nicht bemerken, wie in das Traumgewebe und -gewoge doch irgendwelche Erlebnisse hineinragen, die wir vor mehr oder weniger kurzer Zeit, oder sogar vor vielen Jahren, äußerlich auf dem physischen Plan erlebt haben. Aus diesem Grunde hat es auch das materialistische Erkennen unserer Zeit so leicht, die Offenbarungen der Träume als etwas Besonderes einfach zurückzuweisen, und vielmehr darauf hinzuweisen, wie diese Träume denn doch nichts anderes sind als Nachbilder des äußerlichen, im physischen Leben Erfahrenen. Wenn man die materialistische Traumwissenschaft der Gegenwart kennt, so weiß man ja, daß diese materialistische Traumwissenschaft immer sich bemüht, gerade zu zeigen, wie der Traum eigentlich nichts anderes gibt als dasjenige, was die Menschengehirne in sich tragen an Nachbildern aus der äußeren physischen Welt.

Man muß gestehen, daß diese äußere materialistische Traumwissenschaft auf diesem Gebiete wirklich es recht leicht hat, zurückzuweisen jede höhere Bedeutung des Traumlebens. Man kann ja so leicht nachweisen, daß die Menschen die höheren Offenbarungen, die sie im Traume zu haben glauben, in Bildern sehen in einem gewissen Zeitalter, und wie sie in einem anderen Zeitalter diese Bilder nicht hätten sehen können. So zum Beispiel träumen die Menschen heute öfters in Bildern, die hergenommen sind von Erfindungen und Entdeckungen, die doch erst im 19. Jahrhundert gemacht worden sind. Das kann man ja also sehr leicht nachweisen, daß aus dem äußeren Leben sich Bilder einschleichen in das Traumgewebe und -gewoge. Derjenige, der sich aufklären will über die Traumerlebnisse, so daß diese Aufklärung ihm etwas geben kann zum Eindringen in die okkulten Welten, der muß gerade auf diesem Gebiete die allergrößte Sorgfalt verwenden. Er muß sich daran gewöhnen, sorgfältig allen verborgenen Wegen nachzugehen, und es wird sich ihm zeigen, wie der Traum in den meisten Fällen nichts anderes gibt als das, was in der äußeren Welt erfahren worden ist. Aber gerade derjenige, der sorgfältiger und immer sorgfältiger wird in der Durchforschung seines Traumlebens – und das sollte im Grunde jeder angehende Okkultist –, der wird dennoch nach und nach bemerken, daß aus dem Gewebe des Traumes ihm Dinge hervorquellen, von denen er ganz und gar nicht in seinem bisherigen Leben, in dem Leben dieser Inkarnation äußerlich hat erfahren können. Und wer solche Anweisungen befolgt, wie sie gegeben sind in meinem Buche «Wie erlangt man Erkenntnisse der höheren Welten?», der wird bemerken, wie sich nach und nach sein Traumleben wandelt, wie die Träume in der Tat einen anderen Charakter annehmen. Er wird als eine der ersten Erfahrungen die folgende machen können.

Er wird vielleicht einmal lange, lange nachgesonnen haben über irgend etwas, was ihm rätselhaft erschienen ist, und wird vielleicht zu dem Schlusse gekommen sein: Ja, so wie du jetzt bist, reicht deine Intelligenz doch nicht aus, dieses Rätsel dir aus der eigenen Seele zu lösen, und auch dasjenige, was du bisher von außen gelernt hast, reicht nicht dazu aus. Dann wird dieser Mensch vielleicht – das wird der häufigere Fall sein – nicht das Bewußtsein haben: Du träumst, und im Traum löst sich dir dieses Rätsel auf. – Dies Bewußtsein wird er nicht gleich haben. Aber ein höheres Bewußtsein wird er auf verhältnismäßig früher Stufe haben können. Er wird gleichsam sich fühlen wie aufwachend aus einem Traum, wie sich erinnernd an einen Traum. Sein Bewußtsein wird sich so gestalten, daß er sich sagt oder doch sagen könnte: Ja, jetzt träume ich nicht dasjenige, um das es sich handelt. Ich war mir auch irgendeines Traumes, den ich etwa früher gehabt hätte, nicht bewußt. Aber jetzt taucht es wie eine Erinnerung auf, daß so etwas wie ein Wesen an mich herangetreten ist, das mir dieses Rätsel gelöst hat, indem es mir die Lösung gleichsam gegeben oder zugesprochen hat. – Solch eine Tatsache wird von demjenigen, der sich daran gewöhnt, sein Bewußtsein allmählich durch die genannten Anweisungen zu erweitern, verhältnismäßig leicht erfahren werden. Man wird wissen, sich erinnernd an wie im Traum Durchlebtes, daß man damals es nicht wußte, daß man es erlebte. Wie aus dunklen Untergründen der eigenen Seele heraufleuchtend, wird so etwas erscheinen, dem gegenüber man sich sagt: Als du selbst mit deiner Gescheitheit, mit deiner Intelligenz nicht dabei warst, als du deine Seele gleichsam davor hütetest, durch deine Intelligenz beraten zu sein, als du deine Seele vor deiner eigenen Intelligenz hütetest, da konnte deine Seele mehr, da konnte sie in Zusammenhang kommen mit der Rätsellösung, der gegenüber du mit deiner Intelligenz ohnmächtig bist. – Gewiß wird es den materialistischen Gelehrten auch oftmals leicht sein, eine materialistische Erklärung für eine solche Erfahrung zu finden, aber der, welcher diese Erfahrung selber macht, weiß in der Tat, daß dasjenige, was ihm da entgegentritt, was dann wie ein erinnertes Traumerlebnis sich entpuppt, ganz anderes enthüllt als bloß eine Reminiszenz des gewöhnlichen Lebens. Vor allen Dingen ist die ganze Stimmung der Seele, die man solchen Erlebnissen gegenüber hat, eine solche, daß man sich sagt: Ja, diese Seelenstimmung hast du eigentlich wirklich noch gar nicht gehabt. – Es ist die Stimmung einer wunderbaren Seligkeit darüber, daß man in den Tiefen der Seele mehr trägt als im gewöhnlichen Tagesbewußtsein. Aber es kann noch deutlicher, noch viel deutlicher sein, dieses Erkennen des Seelenlebens, dieses Heraufdrängen wie eine Erinnerung an etwas, was man nicht auffassen konnte, als es sich zugetragen hat in der Seele. Es kann viel deutlicher etwas heraufragen in das bewußte Erkennen des Seelenlebens. Das geschieht im folgenden Falle.

Wenn der Mensch mit Energie und Ausdauer, vielleicht oftmals durch recht lange Zeiten hindurch, vielleicht durch Jahrzehnte hindurch, fortsetzt solche Übungen, wie sie gegeben sind in meinem Buche «Wie erlangt man Erkenntnisse der höheren Welten?», dann bekommt er in ganz ähnlicher Weise, wie geschildert worden ist, das Heraustauchen eines Seelenerlebnisses in das Bewußtsein. Dieses kann zum Beispiel das folgende sein: Nehmen wir an, in dieses Seelenerlebnis sei hineingemischt die Erinnerung an ein gewöhnliches Erlebnis des äußeren Tageslebens, das uns vor Jahren getroffen hat, vielleicht ein recht unangenehmes, fatales Erlebnis, das wir einen schweren Schicksalsschlag nennen, von dem wir immer wissen, daß wir nur mir Bitternis an ihn denken konnten die ganze Zeit hindurch. Gegenüber einem solchen Erlebnis kann man wirklich ein deutliches Bewußtsein haben, wie bitter man es bisher erlebt hat, wie man immer ein bitteres Gefühl gehabt hat, wenn es in der Erinnerung aufgetaucht ist. Jetzt nun taucht wiederum etwas wie die Erinnerung an einen Traum auf, aber an einen sehr merkwürdigen Traum, der uns sagt: In deiner Seele leben Gefühle, welche dir mit aller Macht als etwas außerordentlich Willkommenes dieses bittere Erlebnis herangezogen haben; es lebt in deiner Seele etwas, das mit einer Art Wonne empfunden hat, alle Verhältnisse so herbeizuführen, daß dich dieses Schicksal treffen konnte. – Und jetzt, wenn man eine solche Erinnerung hat, dann weiß man auch: In dem gewöhnlichen Bewußtsein, das man in sich trägt zur Ordnung der äußeren Angelegenheiten, gab es keinen Moment, in dem du nicht schmerzlich und bitter diesen Schicksalsschlag empfunden hast. Keinen Moment gab es in deiner jetzigen Inkarnation, da du das nicht schmerzlich und bitter empfunden hast. Aber in dir ist etwas, das ganz anders sich verhält zu diesem Schicksalsschlage, etwas, das mit aller Gewalt die Verhältnisse herbeizuführen suchte, die dir diesen bitteren Schicksalsschlag brachten. Das hast du damals nicht gewußt, daß in dir etwas ist, was sich zu diesem Schicksalsschlage wie mit magnetischer Kraft angezogen fühlte, das hast du nicht gewußt. – Jetzt aber merkt man, daß hinter dem alltäglichen Bewußtsein eine andere, tiefere Schicht des Seelenlebens weisheitsvoll waltet. Wer eine solche Erfahrung macht – und wer die Übungen, wie sie in meinem Buche «Wie erlangt man Erkenntnisse der höheren Welten?» gegeben sind, energisch befolgt, kann wirklich ein solches Erlebnis haben –, der weiß von da ab: Ja, du lebst ein Seelenleben, welches sich zur äußeren Welt in einer gewissen Weise verhält, welches Sympathien und Antipathien hat für dasjenige, was als Schicksal dir vor Augen steht, und mit diesem Bewußtsein fühltest du damals dem Schicksalsschlage gegenüber. Du empfandest ihn als bitter, antipathisch. Du wußtest aber nicht, daß in dir ein weiteres Seelenleben war, welches mit allerhöchster Sympathie dazumal sich hindrängte dazu, das zu erfahren, das zu erleben, was dein gewöhnliches Alltagsbewußtsein so unsympathisch empfindet.

Wenn man ein solches Erlebnis hat, dann mag jeder materialistische Forscher kommen und mag davon sprechen, daß solche Erlebnisse nur Reminiszenzen des Alltagslebens seien; wir wissen, wie sich solche bloße Reminiszenzen unterscheiden von demjenigen, was man da erlebt. Denn in diese Reminiszenzen müßte sich doch die Bitterkeit hineinmischen, mit der man immer an dieses gedacht hat. Das aber, was man so erlebt, spielt sich ganz anders ab, nimmt sich ganz anders aus als jede Reminiszenz. Denn man ist in seinem tiefsten Inneren ein ganz anderer Mensch, als man ahnt. Das tritt einem vor die Seele. Und es tritt einem vor die Seele wahrhaftig so, daß man weiß: Man hat da Offenbarungen aus Regionen bekommen, in die unser Alltagsbewußtsein nicht hineinkommen kann.

Wenn man solch eine Erfahrung hat, dann erweitert sich die ganze Vorstellung, die man von dem Seelenleben hat, dann weiß man aus Erfahrung, daß dieses Seelenleben allerdings noch etwas ganz anderes ist als dasjenige, was umfaßt wird von der Geburt an bis zum Tode. Wenn man nicht untertaucht in die charakterisierten tieferen Seelenregionen, so bekommt man für sein gewöhnliches Bewußtsein keine Ahnung davon, daß man unter der Schwelle des Bewußtseins noch ein ganz anderer Mensch ist, als man im Alltagsleben meint. Und wenn dann ein bedeutsames anderes Fühlen und Empfinden gegenüber dem Leben in der Seele entsteht, dann erweitert sich für dieses Empfinden und Erleben der Kreis dessen, was wir Welt nennen, um eine neue Region. Dann treten wir in der Tat in eine neue Region des Erlebens ein. Eine ganz andere, neue Region tut sich vor uns auf, und wir wissen dann, warum wir im gewöhnlichen Leben in diese Region nur, man möchte sagen, unter gewissen Voraussetzungen eintreten können.

Ich habe im Grunde genommen, indem ich versuchte, Ihnen gleichsam die okkulte Entwickelung des Traumlebens zu schildern, zwei ganz verschiedene Dinge jetzt schon hingestellt. Auf der einen Seite das alltägliche Traumleben, das für die weitaus meisten Menschen immer wieder eintritt auf der Grenze des Wachens und Schlafens. Aufmerksam habe ich darauf gemacht, daß dieses alltägliche Traumleben sich nährt von den Nachbildern des alltäglichen Lebens. Aber ich habe auf der anderen Seite Ihnen gezeigt, daß durch eine ähnliche Art des inneren Erlebens, wie es sich vollzieht bei den gewöhnlichen Traumbildern, nach bestimmten Voraussetzungen, durch eine Schulung, eine ganz neue Welt vor uns auftauchen kann, von der wir bisher, bevor wir in sie eingetreten sind, ganz gewiß nichts gewußt haben, von der wir uns sagen können: Wir sind in der Lage, in die Regionen des Traumlebens auch anders hinunterzutauchen, so daß wir in ihnen eine neue Welt uns aufgehend finden. – So haben wir die Traumwelt auf der einen Seite durchzogen von den Reminiszenzen des gewöhnlichen Lebens, von den Nachbildern des Alltagslebens, und auf der anderen Seite haben wir eine Welt, ähnlich der Traumregion, in welcher Welt wir aber neue Erlebnisse, wirkliche, reale Erlebnisse haben, von denen wir nur sagen können, daß es Erlebnisse realer Art der anderen, geistigen Welten sind. Aber eine Bedingung muß erfüllt sein, wenn wir diese neuen Erlebnisse machen wollen im nächtlichen Halbschlaf. Die Bedingung muß erfüllt sein, daß wir auszuschalten vermögen die Reminiszenzen des alltäglichen Lebens, die Bilder des alltäglichen Lebens. Solange diese hineinspielen in die Traumregion, so lange machen sie sich darin wichtig, möchte ich sagen, und verhindern, daß die realen Erlebnisse der höheren Welten hereinkommen. Warum ist dieses? Warum tragen wir in eine Region des Erlebens, in der wir höhere Welten erleben könnten, hinein die Nachbilder des alltäglichen Lebens? Warum tragen wir diese Nachbilder des alltäglichen Lebens in diese Region, in welcher sie sich so wichtig machen?

Wir tun das aus dem Grunde, weil wir im alltäglichen Leben, ob wir es nun gestehen oder nicht gestehen, das allergrößte Interesse haben an dem, was gerade uns betrifft, an unseren eigenen äußeren Erlebnissen. Es kommt dabei gar nicht darauf an, daß sich irgendwelche Menschen vorspiegeln, ihr Leben interessiere sie gar nicht mehr besonders. Durch solche Vorspiegelungen läßt sich nur derjenige beirren, der nicht weiß, wie die Menschen auf diesem Gebiete sich den allerärgsten Illusionen hingeben. Der Mensch hängt tatsächlich einmal an den Sympathien und Antipathien des alltäglichen Lebens. Wenn Sie nun wirklich einmal durchgehen dasjenige, was in dem Buche «Wie erlangt man Erkenntnisse der höheren Welten?» als Anleitung gegeben ist für menschliche Seelenentwickelung, dann werden Sie sehen, daß im Grunde alles darauf hinausläuft, unser Interesse uns abzugewöhnen für das alltägliche Leben. Die Ausführung der dortigen Anweisungen machen ja nun die Menschen in ganz verschiedener Weise. Es wird dieses Buch von dem oder jenem gelesen, es wird gelesen aus verschiedensten Gründen, und von den verschiedensten Gründen aus wird sich ein Verhalten des Menschen zu diesem Buche ergeben. Da hört einmal jemand, vielleicht mit den schönsten Gefühlen: Wenn man diese Anweisung befolgt, dann kann man sich entwickeln so, daß man in die höheren Welten einen Einblick erhält. – Das ist ja wahr, aber davon wollen wir nicht sprechen. Es regt sich dann aber die Neugierde – und warum sollte man auch nach anderen, höheren Welten nicht neugierig werden –, es regt sich oft die Neugierde, wenn man auch zunächst mit schönen Gefühlen an das Buch herangetreten ist. Dann beginnt nun jemand diese Übungen zu machen, aber eigentlich nur in Neugierde zu machen. Das will aber nur eine gewisse Zeit hindurch gehen, denn allerlei innere Gefühle, vor allem Gefühle, über die man sich meistens nicht recht klar werden will, halten einen später nach einer gewissen Zeit ab: man läßt die Sache liegen. Aber die Gefühle, über die man sich nicht klar werden will, die man manchmal ganz anders interpretiert, das sind keine anderen, als daß, wenn man diese Übungen wirklich ausführen will, man sich dann in ganz anderer Weise Dinge abgewöhnen muß – in Wahrheit gewöhnt man sie sich eben nicht ab –, die mit Sympathie und Antipathie zusammenhängen. Diese Dinge gewöhnt man sich nicht gerne ab. Man sagt zwar, daß man sich das gerne abgewöhnt, aber man tut es nicht. Und der wirkliche Erfolg, den solche Übungen haben können, der zeigt sich ja bei demjenigen Menschen, der es energisch ernst meint, doch eigentlich recht bald, der zeigt sich eben darin, daß die Sympathien und Antipathien gegenüber dem Leben sich etwas ändern. Nur muß gesagt werden: Schon ein wenig selten macht man diese Erfahrung, daß sich einer dem Einfluß der Übungen so hingibt, daß sich auch wirklich die Empfindungen über Sympathie und Antipathie ändern. Wenn aber die Übungen energisch ernst genommen werden, dann geschieht das. In energischer Weise ändern sich Sympathie und Antipathie gegenüber dem alltäglichen Leben.

Das bedeutet viel, sehr viel, das bedeutet in der Tat, daß wir gerade diejenigen Kräfte bekämpfen, die so wirken, daß sich die alltäglichen Erlebnisse als Nachbilder, als Reminiszenzen in die Träume hineinschleichen. Denn sie tun das nicht mehr, wenn wir es auf irgendeinem Gebiete, ganz gleich auf welchem, so weit gebracht haben, unsere Sympathie und Antipathie zu ändern. Man macht ja auf diesem Gebiete ganz prägnante Erfahrungen. Diese Änderung der Sympathiekräfte braucht gar nicht einmal auf einem besonders hohen Gebiete zu liegen. Auf irgendeinem Gebiete muß nur energisch durchgeführt werden, daß sich die Sympathien und Antipathien ändern. Es kann in den alleralltäglichsten Dingen liegen, aber irgendwo muß eine solche Änderung eintreten. Da gibt es Menschen, die sagen: Ich übe täglich, morgens und abends, und auch sonst noch Stunden lang, aber ich kann nicht einen Schritt in die geistigen Welten hinein machen. – Es ist wirklich manchmal recht schwierig, solchen Menschen klar zu machen, wie leicht das zu verstehen ist, daß sie das nicht können. Oftmals brauchen ja die Menschen nur zu bedenken, daß sie heute, vielleicht nach zwanzig, fünfundzwanzig, vielleicht sogar nach dreißig Jahre langen Übungen, noch auf dieselben Dinge schimpfen, auf die sie damals vor fünfundzwanzig Jahren ebenso geschimpft haben. Ja, genau dieselbe Form des Schimpfens ist ihnen noch immer eigen wie dazumal.

Aber noch etwas Gewöhnlicheres: Es gibt ja Menschen, die sich bemühen, auch äußerliche Mittel, die im Okkultismus gewisse Folgen zeigen, anzuwenden. Sie werden zum Beispiel Vegetarier. Aber siehe da, nun gibt es Menschen, die mit allem Ernste sich vornehmen, wirklich sich etwas abzugewöhnen und die zunächst mit allem Ernst herangehen, dann aber, trotzdem sie Übungen durch Jahrzehnte hindurch gemacht haben, nichts erlangen. Ein solcher Mensch sagt sich: Wenn ich doch nur ein klein winziges Stückchen von den Geisteswelten erlebte! – Er müßte eben nur bedenken, daß er vielleicht immer wieder zu den Fleischtöpfen Ägyptens zurückgekehrt ist, weil er eben die alte Sympathie für das Fleisch doch nicht hat niederkämpfen können. Er selbst denkt an ganz andere Gründe, denkt, daß er das Fleisch nötig hat. Er sagt zum Beispiel: Mein Gehirn verlangt es.

Stellen wir uns daher die Sache, welche die Umänderung der Sympathie und Antipathie betrifft, nicht so leicht vor. Leicht ist es, doch – so möchte man mit einer Reminiszenz an ein «Faust»-Zitat sagen –: «Leicht ist es zwar, doch ist das Leichte schwer.» Gerade mit diesem Paradoxon muß man oftmals die sich entwickelnde Seelenstimmung dessen schildern, der hinaufsteigen will in die höheren Welten. Es kommt nicht darauf an, diese oder jene Sympathie oder Antipathie zu ändern, sondern es kommt nur darauf an, überhaupt irgendeine Sympathie oder Antipathie ernsthaft zu ändern. Dann kommt man nach bestimmten Übungen in die Region des Traumlebens so hinein, daß man gleichsam nichts hineinbringt von dem alltäglichen Leben, von den Sinneserlebnissen. Dadurch aber haben die neuen Erlebnisse gewissermaßen Platz darinnen.

Jetzt weiß man, wenn man wirklich praktisch durchgemacht hat ein solches Erlebnis durch eine okkulte Entwickelung, daß gewissermaßen noch eine Schicht des Bewußtseins im Menschen vorhanden ist. Das tägliche Bewußtsein kennt ja jeder Mensch: es ist das wache Tagesbewußtsein, durch das er denkt, fühlt und will, von dem er gewohnt ist zu wissen seit dem Bewußtwerden seiner selbst in seiner Kindheit, von welchem Augenblicke an er bis zum Tode gleichsam ein bewußtes Seelenleben führt. Wenigstens bei den meisten Menschen ist es so. Hinter diesem tagwachen Bewußtsein liegt eine andere Schicht des Bewußtseins. In diesem anderen sind für das alltägliche Erleben die Träume darinnen. Daher können wir sagen: es ist dieses das Traumbewußtsein. – Aber wir haben auch gesehen, es ist nicht bloß das Traumbewußtsein. Traumbewußtsein wird es nur dadurch, daß wir vom täglichen Bewußtsein dasjenige hineintragen, was wir in diesem täglichen Bewußtsein erleben. Wenn wir das nicht tun, wenn wir es von diesen Erlebnissen leer machen, dann können aus den höheren Welten Erlebnisse in diese Region unseres Seelenlebens hineinkommen, Erlebnisse, welche eben wirklich auch in der uns umgebenden Welt da sind, von dem gewöhnlichen Bewußtsein aber nicht wahrgenommen werden können, auch in dem Traumbewußtsein nicht, weil aus diesem erst die Reminiszenz herausgetrieben werden müßte an das tägliche Leben, damit es leer wird, Platz geben kann diesen Erlebnissen.

Wenn solche Erlebnisse, wie ich sie sozusagen als elementare geschildert habe, auftreten, dann weiß man allerdings, daß wir gar nicht mehr im richtigen Sinne sprechen, wenn wir von diesem Bewußtsein als von einem Traumbewußtsein reden würden, sondern wir wissen, daß in der Tat unser alltägliches Bewußtsein zu dem, was wir da erleben können, nach und nach selber sich wie ein Traum zur Wirklichkeit verhält. Es wird für uns dann für die höhere Erfahrung richtig, daß das alltägliche Bewußtsein gerade eine Art Traumbewußtsein ist, und hier erst die Wirklichkeit beginnt.

Nehmen wir das zweite Beispiel, und versuchen wir uns klar zu machen, wie der Mensch in seinem Gefühle dazu kommt, sich wirklich zu sagen, daß ein höheres Bewußtsein für ihn beginnt. Wir sagen uns: Wir haben mit einem Schicksalsschlage gelebt, den wir als bitter empfunden haben, aber wir haben bemerkt, daß in unserer Seele etwas war, was diesen Schicksalsschlag gesucht hat. Und jetzt fühlen wir auch, daß wir für unsere Seele diesen Schicksalsschlag brauchten, jetzt fühlen wir praktisch zum ersten Male, was Karma ist. Wir fühlen, wir mußten diesen Schicksalsschlag suchen. Wir traten herein in diese unsere Inkarnation mit einer Unvollkommenheit unserer Seele, und weil wir diese Unvollkommenheit fühlten, zwar nicht im Bewußtsein, sondern in den Tiefen der Seele, deshalb zog es uns magnetisch dazu hin, diesen Schicksalsschlag wirklich zu erleben. Dadurch haben wir eine Unvollkommenheit unserer Seele bezwungen, abgeschafft, dadurch haben wir ein Wichtiges, Reales getan. Wie oberflächlich ist dagegen das Urteil des Alltags, das dies oder jenes als antipathisch empfindet. Die höhere Wirklichkeit ist diese, daß unsere Seele fortschreitet von Inkarnation zu Inkarnation, nur eine kurze Zeit lang kann sie das Antipathische dieses Schicksalsschlages empfinden. Wenn sie aber über den Horizont dieser Inkarnation blickt, dann fühlt sie ihre Unvollkommenheiten, dann fühlt sie die Notwendigkeit – ja, sie fühlt es stärker als mit dem gewöhnlichen Bewußtsein –, dann fühlt sie als das Notwendige, vollkommener und immer vollkommener zu werden. Das gewöhnliche Bewußtsein hätte, wenn es vor diesen Schicksalsschlag vorher gestellt worden wäre, sich feige an diesem Schlag vorbeigeschlichen, hätte nicht die Notwendigkeit gewählt. Könnte es wählen, so schliche es sich feige vorbei an dem ihm antipathischen Schicksalsschlag. Aber das tiefere Bewußtsein, von dem wir nichts wissen, das schleicht sich nicht feige vorbei, das zieht es gerade herbei; das läßt das Schicksal, das es als einen Vervollkommnungsprozeß empfindet, so wirken, daß es sich sagt: Ich bin hineingetreten in dieses Leben, bin mir bewußt gewesen, daß ich von meiner Geburt an mit einer Unvollkommenheit der Seele behaftet gewesen bin. Will ich die Seele entwickeln, so muß diese bereitet werden. Dann aber muß ich hineilen zu diesem Schicksale. – Das ist das stärkere Element in der Seele, das ist das Element, gegenüber dem das Gespinst des gewöhnlichen Bewußtseins mit seinen Antipathien und Sympathien sich wie ein Traum ausnimmt. Drüben tritt man in das Fühlen und Erleben der Seele ein, das tief in den Untergründen derselben für das Alltagsbewußtsein schlummert, von dem man sich hier sagt, daß es mehr weiß von uns, daß es stärker ist in uns als unser gewöhnliches Bewußtsein.

Und jetzt merken wir auch noch ein anderes. Wenn man wirklich dieses, was eben jetzt auseinandergesetzt worden ist, als ein eigenes Erlebnis der Seele hat, wenn man es nicht nur theoretisch kennt, sondern wenn man einmal solch ein Gefühl wirklich erlebt hat, dann hat man mit diesem notwendigerweise noch ein anderes Erleben. Man hat das Erleben: Ja, du kannst schon hinein in diese Regionen, wo alles anders wird als im gewöhnlichen Bewußtsein. – Aber man fühlt zugleich, und tief fühlt man es: Ich will nicht. – In der Regel ist bei den meisten Menschen die Neugierde, da hineinzukommen, gar nicht so groß, daß sie überwinden könnten dieses schauerliche: Ich will nicht. Dieses Nichtwollen, das da auftritt, mit ungeheurer Macht tritt es auf in diesem Gebiete, das wir gerade jetzt berühren. Da können die mannigfachsten Mißverständnisse entstehen. Nehmen wir an, jemand habe sogar ganz persönliche Anweisungen bekommen. Er kommt zu demjenigen, der sie gegeben hat, und sagt: Damit erreiche ich gar nichts, deine Anweisungen sind gar nichts wert. – Das kann ein ehrlicher Glaube sein, ein ganz ehrlicher Glaube. Aber das, was als Antwort gegeben werden müßte, das kann ganz unverständlich demjenigen sein, der diesen ehrlichen Glauben hat. Die Antwort müßte nämlich sein: Du kannst schon hinein, aber du willst nicht. – Das ist wirklich die Antwort. Aber das weiß der andere ja nicht, er glaubt ja ehrlich, daß er den Willen hat, denn dieser Nichtwille selbst bleibt im Unterbewußtsein. So versteht er es nicht, daß er eigentlich nicht will. Denn in dem Moment, wo er sich das eigentlich klar machen wollte, dämpft er schon diesen Willen ab. Der Wille, nicht hineinzukommen, berührt ihn so schauerlich, daß er ihn sofort abdämpft, wenn er auftritt. Denn dieser Wille ist recht fatal, sehr, sehr fatal. Nämlich dasjenige, was man da bemerkt, aber sobald man es bemerkt, auslöschen will, das ist: Mit dem Ich, mit dem Selbst, das du dir herangezogen hast, kannst du da nicht hinein.

Wenn der Mensch sich höher entwickeln will, so fühlt er sehr stark: Dieses Selbst mußt du zurücklassen. – Das aber ist etwas sehr Schwieriges, denn die Menschen hätten dieses Selbst nie ausgebildet, wenn sie nicht das tägliche Bewußtsein hätten. Das ist da, damit wir unser gewöhnliches Ich haben, das ist gekommen in die Welt, damit der Mensch sein niederes Selbst entwickelt. – Der Mensch spürt also, wenn er hinein will in die wirkliche Welt, daß er das zurücklassen soll, was er da draußen hat entwickeln können. Da hilft nur eines, ein einziges: daß dieses Selbst im täglichen Bewußtsein sich stärker entwickelt hat, als es notwendig ist für das tägliche Bewußtsein. Gewöhnlich hat der Mensch es nur so weit entwickelt, als es notwendig ist. Wenn Sie den zweiten Punkt des Buches «Wie erlangt man Erkenntnisse der höheren Welten?» ins Auge fassen, dann werden Sie finden, daß dieser zweite Punkt der ist, das Selbst stärker zu machen, kräftiger zu machen, als man es braucht für das tägliche Leben, damit man nachts herausgehen kann aus seiner Leiblichkeit und noch etwas hat, was man gewissermaßen nicht gebraucht hat.

Nur dann hat man also nicht den Willen, zurückzubeben vor dieser höheren Welt, wenn man in seinen Übungen verstärkt und erkraftet hat das gewöhnliche Selbst, wenn man einen Überschuß an Selbstgefühl hat.

Da entsteht aber eine neue Gefahr, eine ganz beträchtliche Gefahr. Man bringt jetzt vielleicht nicht die Reminiszenzen an das alltägliche Leben im Traume herauf, aber man bringt erweitertes, durchkraftetes Selbstbewußtsein herauf, man füllt gleichsam diese Region mit seinem gekräftigten Bewußtsein, mit seinem höher ausgebildeten, kraftvoll ausgebildeten Selbst an. Wer durch solche Übungen, wie sie in dem Buch «Wie erlangt man Erkenntnisse der höheren Welten?» beschrieben sind, Erfahrungen hat, wie ich sie im vorigen Vortrage als innere Seelenerfahrungen bei Arjuna geschildert habe – ob man auf sozusagen künstlichem Wege, durch Schulung sein Selbst erkraftet und erweitert, oder vom Schicksal dazu bestimmt ist, sein Selbst in einer bestimmten Zeit zu erweitern, das Ergebnis ist dasselbe –, wer solche Erfahrungen macht, der gelangt in die Region des Traumlebens mit seinem erweiterten, erkrafteten Selbst hinein. Bei Arjuna ist das der Fall, er steht sozusagen an der Grenze zwischen der Alltagswelt und der Welt des Traumlebens. Er lebt sich hinein in diese höhere Region so, daß er durch sein Schicksal – und diesen Punkt werde ich noch weiter ausführen –, daß er durch sein Schicksal in dieser Region ein kraftvolleres Selbst hat als er sonst braucht im alltäglichen Leben, im alltäglichen Bewußtsein. Wir werden hören, warum gerade Arjuna sein kraftvolleres Bewußtsein hat. Aber siehe da, indem er dort eindringt, nimmt ihn sogleich Krishna auf. Krishna hebt den Arjuna über das Selbst hinaus, das in ihm veranlagt war, und so wird Arjuna nicht derjenige Mensch, der er hätte werden müssen, wenn er mit seinem erweiterten Selbst nicht dem Krishna begegnet wäre. Was wäre dann geschehen, wenn Arjuna nicht dem Krishna begegnet wäre? Dann hätte er sich auch gesagt: Da kämpfen Blutsverwandte gegen Blutsverwandte, da treten Ereignisse auf, welche die alte, heilsame Kasteneinteilung in Trümmer schlagen, welche die Frau ruinieren, den Manendienst in Trümmer schlagen; Verhältnisse treten auf, die uns verbieten, unseren Manen Opferfeuer aufzurichten. – Die heilsame Kasteneinteilung zu verehren, Opferfeuer den Ahnen aufzurichten, ein treuer Nachkomme der Ahnen zu sein, gehörte für Arjuna zu seinem alltäglichen Bewußtsein. Er ist durch sein Schicksal aus diesem alltäglichen Bewußtsein herausgerissen, er muß stehen auf dem Boden, wo er brechen muß mit seinem heiligen Gefühl, Opferfeuer aufzurichten den Ahnen, die Kasteneinteilung zu schätzen und den Zusammenhang des Blutes zu verehren. Jetzt mußte er sich sagen: Hinweg mit alle dem, was mir heilig ist im alltäglichen Bewußtsein, hinweg mit alle dem, was mir überkommen ist, hineinstürzen will ich mich in die Schlacht. – Nein, das geschieht nicht, sondern Krishna tritt dem Arjuna entgegen, und Krishna redet gleichsam dasjenige, was so als die äußerste Rücksichtslosigkeit, als auf die Spitze getriebener Egoismus erscheinen müßte bei Arjuna. Krishna bricht das ab, macht das nicht möglich, indem er sich selbst sichtbar macht dem Arjuna, indem er, was sonst Arjuna erlebt hätte, was sonst Arjuna gebraucht hätte, um in sich zu leben, indem Krishna diesen Überschuß Arjunas als Kraft gebraucht, um sich dem Arjuna sichtbar zu machen. Wir können auch sagen, um uns diesen Gedanken noch klarer vor die Seele zu stellen: Wenn Arjuna einfach dem Krishna entgegentreten würde, und Krishna auch wirklich zu Arjuna kommen würde, wissen würde Arjuna von Krishna nichts, ebensowenig wie wir von der Sinnenwelt etwas wissen würden, wenn wir nicht aus der Sinnenwelt selbst etwas herausbekommen hätten, um unsere Sinne für diese Welt zu bilden. So muß auch Krishna aus dem Arjuna herausnehmen dessen erweitertes, erkraftetes Selbstbewußtsein. Er muß es gewissermaßen ihm ausreißen, wenn er sich mit Hilfe dessen, was er dem Arjuna entrissen hat, selber dem Arjuna zeigen will. So macht er aus dem, was er entrissen hat, gleichsam den Spiegel, um sich dem Arjuna zeigen zu können.

Wir haben den Punkt aufgesucht in dem Bewußtsein des Arjuna, wo Krishna dem Arjuna hat begegnen können. Unerklärlich bleibt in diesen Auseinandersetzungen nur noch, wie Arjuna denn überhaupt es bis dahin gebracht hat. Denn nirgends tritt uns eine Mitteilung entgegen, daß Arjuna okkulte Übungen gemacht hätte, und die hat er auch nicht gemacht. Woher kommt es, daß er dem Krishna begegnen kann, was hat denn eigentlich dem Arjuna ein erhöhtes, erkraftetes Selbstbewußtsein gegeben? Von dieser Frage wollen wir im nächsten Vortrage ausgehen.

VIERTER VORTRAG

Helsingfors, 31. Mai 1913

Wir haben gesehen, daß der Mensch, wenn er einrücken will in jene Region, in welcher auch die Träume gewoben werden, mitbringen muß in diese Region aus der gewöhnlichen Welt dasjenige, was man nennen kann ein verstärktes Selbstbewußtsein, ein Mehr in dem Ich, als dieses Ich nötig hat für den physischen Plan, für die physische Welt. In unserer Gegenwart wird dieses Mehr von Selbstbewußtsein, dieser Überschuß aus unserer Seele durch dasjenige herausgebildet, was wir erleben können durch solche Übungen, wie sie erwähnt sind in dem Buche «Wie erlangt man Erkenntnisse der höheren Welten?». Es findet zunächst also eine solche Verstärkung, Erkraftung des Selbstes statt. Weil der Mensch sozusagen empfindet, daß er das braucht, so überkommt ihn auch etwas wie eine Art Furcht, wie eine Art Angst, eine Art Scheu, hinauf sich zu entwickeln in die höheren Welten, wenn er diese Stärke im inneren Selbst noch nicht erlangt hat.

Nun habe ich oftmals betont, daß die Menschenseele im Verlauf der Evolution die verschiedensten Stadien durchgemacht hat. Was heute durch die genannten Übungen eine solche Menschenseele der Gegenwart erlangen kann an Erhöhung, an Erkraftung des Selbstbewußtseins, das konnte sie auf dieselbe Art nicht eigentlich erreichen in der Zeit, in welche wir zu versetzen haben den erhabenen Sang, die Bhagavad Gita. Dafür war in alten Zeiten im menschlichen Selbst, im menschlichen Bewußtsein etwas anderes vorhanden: Es war noch die erste, uralte Hellsichtigkeit in der Menschenseele vorhanden. Hellsichtigkeit ist auch etwas, was man sozusagen für das gewöhnliche Selbst auf dem physischen Plan nicht eigentlich braucht, wenn man nur mit dem, was eben jeweilig der physische Plan enthält, sich zufrieden geben kann.

Aber jene alten Zeiten, jene alten Menschen der Zeit, in welche wir die erhabene Gita zu versetzen haben, hatten eben noch die Reste uralten Hellsehens. Wir blicken auf der einen Seite zurück bis zu solchen Menschen, die Zeitgenossen waren der Entstehung der Bhagavad

Gita. Diese Menschen konnten sich sagen: Wenn ich die physische Umwelt schaue, dann bekomme ich Eindrücke durch meine Sinne, dann können diese Eindrücke der Sinne durch den Verstand, der an das Gehirn gebunden ist, kombiniert werden. Aber ich habe außerdem noch eine andere Kraft, durch die ich hellsehend ein Wissen mir aneignen kann von anderen Welten. Und diese Kräfte bezeugen mir, daß die Menschen auch noch anderen Welten angehören, daß ich als Mensch noch hineinrage in andere Welten, über die gewöhnliche physische Welt hinaus. – Das aber ist eben das verstärkte Selbstbewußtsein, das unmittelbar in der Seele hervorsprießen läßt das Wissen, daß diese Seele nicht allein der physischen Welt angehört. Es ist gleichsam ein Überdruck im Selbst, was da hervorgerufen wird durch jene, wenn auch letzten Reste hellsichtiger Kraft. Und heute wiederum kann der Mensch solche Kräfte eines Überdruckes in sich entwickeln, wenn er entsprechende okkulte Übungen in seiner Seele vollzieht.

Da könnte eingewendet werden – und Sie wissen ja, daß immer an der entsprechenden Stelle in anthroposophischen Vorträgen vorweggenommen werden solche Einwände, die der wahre Okkultist selber recht gut weiß –, da könnte eingewendet werden: Ja, wie kommt überhaupt der Mensch in unserer Zeit dazu, solche okkulten Übungen machen zu wollen? Warum ist er nicht zufrieden mit dem, was der Verstand bietet, der an das Gehirn gebunden ist? Warum will der Mensch solche okkulten Übungen? – Da berühren wir eine Frage, die nicht nur eine Frage, sondern eine Art Tatsache ist für jede sinnige Seele im gegenwärtigen Menschheitszyklus. Wenn der Mensch wirklich in seiner Seele zu nichts käme als zu dem, was nur die Sinne ihm zeigen, was ihm der Verstand gibt, der an das äußere physische Instrument, das Gehirn, gebunden ist, dann wäre er ganz sicher zufrieden mit seinem Dasein, ohne irgendeine Begierde zu entwickeln nach höheren übersinnlichen Welten. Der Mensch würde in einem solchen Falle sehen, wie sich die Dinge und Ereignisse um ihn herum verhalten und abspielen, er würde sie entstehen und vergehen sehen, nicht aber über Entstehen und Vergehen in sich eine Frage stellen, sondern damit zweifellos zufrieden sein, wie etwa zufrieden sein kann das einzelne Tier mit seinem Dasein. Das kann der Mensch im Grunde genommen ganz gut in der Lage, in welcher heute der materialistisch gesinnte Mensch den Menschen denken möchte. Das Tier ist in der Lage, mit seinem gewöhnlichen Bewußtsein nur aufzunehmen dasjenige, was vor den Sinnen entsteht und vergeht; auch ist das Tier zufrieden mit dem, was vor den Sinnen sich abspielt. So ist es aber nicht bei dem Menschen. Aber warum ist es nicht so beim Menschen?

Ich rede in diesem Zusammenhange immer von dem Menschen der Gegenwart. Denn noch im alten Griechenland war es im Grunde nicht so für die Menschenseele, wie es heute ist. Wenn wir heute wirklich mit voller Seele an die Naturwissenschaft herangehen, Naturwissenschaft uns erwerben, wenn wir an dasjenige herangehen, was im geschichtlichen Werden vor sich geht, uns die äußere Historiologie, Geschichtswissenschaft aneignen, dann kommt mit alle dem, was wir uns da aneignen, zugleich etwas in diese Menschenseele herein, es schleicht sich ganz verstohlen mit alldem etwas in die Menschenseele hinein, wofür eigentlich Zweck und Sinn fehlt im äußeren physischen Leben. Man hat daher mannigfache Vergleiche gebraucht für dasjenige, was sich da einschleicht. Einen solchen möchte ich doch erwähnen, weil er oftmals gemacht wird, ohne daß eigentlich wirklich nachgedacht wird über seine tiefere Bedeutung. Eine sehr berühmte medizinische Autorität hat im letzten Drittel des 19. Jahrhunderts einmal, um sozusagen das Ehrwürdige der selbständigen Wissenschaft bedeutungsvoller an der Akademie der Wissenschaft hervorzuheben, aufmerksam gemacht auf einen griechischen Philosophen, der einmal gefragt worden ist: Wie ist es denn eigentlich mit dem philosophischen Nachdenken über des Lebens Sinn und Zweck? Wie verhält sich dieses Nachdenken zu den anderen Tätigkeiten der Menschen, die sich durch andere Arbeit, durch nützliche Tätigkeit beteiligen am allgemeinen Leben? – Da hat jener Philosoph folgende Antwort gegeben: Man betrachte sich einmal einen Jahrmarkt. Da kommen die Menschen zum Verkauf und Kauf. Diese sind alle beschäftigt. Aber auch einige andere finden sich ein, die wollen nichts verkaufen und auch nichts kaufen, sondern sie wollen betrachten, nur anschauen, wie es da zugeht auf dem Jahrmarkt. – Der Philosoph wollte nämlich sagen: Der Jahrmarkt sei das Leben. Da sind die Menschen beschäftigt in mannigfacher Form. Die Philosophen aber, die nicht beschäftigt sind mit dem, was andere Menschen beschäftigt, lungern herum, gehen herum und schauen sich alles bloß an, um alles kennenzulernen.

Es ist schon einmal in das Fleisch und Blut der sogenannten intellektuellen Menschheit eingedrungen, daß man die Philosophen deshalb, weil sie nicht offensichtlich teilnehmen an der nützlichen Tätigkeit im Leben, gerade wegen ihrer auf sich selbst gestellten, selbständigen Wissenschaft, die sich vollkommen selbst genügt, ganz besonders schätzen will. Aber dieser Vergleich sollte denn doch einigermaßen zum Nachdenken anregen. Vielleicht könnte das banausisch scheinen, aber es ist doch nicht ganz banausisch, wenn man tiefer nachdenkt. Dieser Vergleich könnte nämlich recht gut zum Nachdenken anregen. Es ist denn doch recht bedenklich, daß man die Philosophen vergleicht mit den Herumlungerern auf dem Jahrmarkt des Lebens, die eigentlich zwecklos sind, die da herumgehen zwischen Leuten, die alle einen Zweck haben. Das wäre doch auch ein mögliches Nachdenken. Es werden eben durchaus oftmals Urteile gefällt, welche vielleicht an ihrem Ausgangspunkte ganz zweifellos richtig sind. Wenn sie sich aber durch Jahrhunderte oder, wie dieses, sogar durch Jahrtausende fortschleppen, dann können sie doch recht unrichtig werden. Daher darf die Frage aufgeworfen werden: Sind denn wirklich alle, über die so im allgemeinen ein Urteil gefällt wird, sind die wirklich zunächst die Herumlungerer im Leben?

Es kommt nur darauf an, wonach man das Leben bewertet. Ganz gewiß gibt es Menschen, die die Philosophen wirklich als unnütze Herumlungerer ansehen und glauben, daß es gescheiter wäre, irgendein nützliches Handwerk zu treiben. Von ihrem Standpunkte mögen diese Menschen sogar ganz recht haben. Aber es kommt darauf an, daß, wenn man das Leben mit den Sinnen betrachtet und mit dem Verstande, der an das Gehirn gebunden ist, dann wie verstohlen Dinge in die menschliche Seele hineinschleichen, die ganz offenkundig gar keinen Zusammenhang haben mit der Außenwelt, welche uns sinnlich umgibt. Man kann das sehr gut sehen bei der Lektüre solcher Bücher, die aus rein materialistischer Grundlage heraus eine befriedigende Weltanschauung zimmern wollen, welche die Welträtsel lösen soll. Dann stellt sich gewöhnlich heraus, daß am Ende dieser Bücher überhaupt erst Fragen auftauchen. Diese Bücher werfen im allgemeinen die Welträtsel erst auf an ihrem Ende. Es schleicht sich eben ein Gedanke ein mit der Aufnahme dessen, was diese Bücher behandeln, mit der Aufnahme der Außenwelt, ein Gedanke, mit dem man sich sagen muß: Entweder ist der Mensch noch für andere Welten da als nur für die physische Welt, oder diese physische Welt belügt, prellt einen fortwährend, indem sie uns Rätsel aufgibt, die wir nicht beantworten können. Eine ganze Summe unseres Seelenlebens ist sinnlos, wenn wirklich das Leben mit dem Tode abschließen würde, wenn der Mensch keinen Anteil, keinen Zusammenhang hätte mit der höheren Welt. Und die Sinnlosigkeit dessen, was er hat, nicht die Sehnsucht nach etwas, was er nicht hat, das ist es, was den Menschen dazu treibt, dem nachzugehen, wie es sich damit verhält, daß in die Seele etwas kommt, was gar kein Bürger unserer Sinnenwelt ist. Und das treibt ihn dazu, etwas auszubilden, wie es eben durch okkulte Übungen geschehen kann, etwas, was ganz offenkundig nicht mit der Außenwelt zusammenhängt. Wir würden nicht sagen, der Mensch habe die Sehnsucht nach der Unsterblichkeit in sich, und deshalb bilde er sich den Begriff der Unsterblichkeit, deshalb erfinde er sie, sondern: der Mensch hat so, wie er lebt, etwas von der Außenwelt hereinbekommen in seine Seele, was ganz sinnlos, zwecklos, wesenlos wäre, wenn das Dasein nur zwischen Geburt und Tod eingeschlossen wäre. Der Mensch muß fragen nach Sinn und Zweck, überhaupt nach der ganzen Wesenhaftigkeit von etwas, was er hat, und nicht von etwas, was er nicht hat.

So ist der Mensch der Gegenwart in der Tat nicht mehr ganz in der Lage – und darum kann er sich in der heutigen Zeit nicht auf den griechischen Philosophen berufen –, er ist nicht mehr ganz in der Lage eines bloßen Herumlungerers, eines bloßen Strabanzers, sondern er ist in einer anderen Lage: in der Lage, daß man ihn vergleichen kann mit einer Persönlichkeit, die nur Worte verleiht demjenigen, was eigentlich in allen lebt. Im alten Griechenland paßte tatsächlich der Vergleich des Philosophen. Heute paßt er nicht mehr, heute ist die Sache anders. Wenn wir das Leben wiederum mit einem Jahrmarkt vergleichen, so können wir auch heute sagen: Da kommen Käufer und Verkäufer. Wenn sie nun den Jahrmarkt abschließen und abzählen, ob alles stimmt, dann finden sie – so wunderbar das klingt, aber jeder Vergleich hinkt ja ein wenig, und dieser ist sogar in gewissem Sinne um so besser, je mehr er hinkt –, dann finden sie etwas, was da ist, was aber weder gekauft noch verkauft hat werden können, wovon nicht zu ergründen ist, woher es kommt. So ist es zwar nicht bei einem Jahrmarkt, aber so ist es beim Jahrmarkt des Lebens. Indem wir das Leben durchleben, finden wir fortwährend Dinge, die aus dem Leben herausprießen, für die es aber keine Erklärung in der Sinneswelt gibt. Das ist der tiefere Grund, warum es heute in der Welt Menschen gibt, die an dem Dasein verzweifeln können, die unbestimmte Sehnsüchte haben können: weil eben beim Menschen der Gegenwart etwas in der Seele wirkt, was keine Bürgerschaft hat in der physischen Welt, was aber Fragen nach anderen Welten aufwirft.

Das aber, was wir heute in der Seele erwerben müssen, damit Verzweiflung, Hoffnungslosigkeit gegenüber dem Leben nicht aufkomme, gegenüber einer Sache, die sonst sinnlos wäre, das hatte ein Mensch wie Arjuna einfach deshalb, weil seine Seele noch herausragte aus einer Zeit, wo das uralte menschliche, primitive Hellsehen noch da war. Aber Arjuna befindet sich gleichzeitig in einem Übergangszeitpunkt – und das ist das Wesentliche, das Bedeutungsvolle, wenn die Bhagavad Gita verstanden werden soll –, Arjuna befindet sich in jener Zeitentwickelung, wo nur noch Reste, letzte Nachklänge des uralten Hellsehens vorhanden waren. Die Menschen rückten in der Zeit, in der etwa die Bhagavad Gita entstand, in eine Zeit der Evolution, in der dieses alte Hellsehen allmählich verlorenging. Und das ist der ganz tiefe Grundzug der Bhagavad Gita, der Hauch, der über die Bhagavad Gita ausgegossen ist, daß aus ihr die Töne herausklingen, die von jener Zeitenwende kommen, in der das alte Hellsehen der Menschheit in seinem Absterben war, wo dem

Abendrot des alten Hellsehens gegenüber jene Nacht beginnen sollte, in der diejenige menschliche Kraft erst geboren werden konnte, welche die alte Menschenseele noch nicht hatte und in unserer Zeit die gewöhnliche Menschenseele hat.

So ist Arjuna eine Seele, von der man sagen kann: Altes Hellsehen ist in letztem Nachklang noch in seiner Seele vorhanden, aber immer so, daß es wie verglimmt in der Seele, nicht mehr so recht da sein will, daß es braucht ein solches erschütterndes Ereignis, wie ich es geschildert habe, um wieder wachgerufen zu werden, wieder hervorgerufen zu werden. Was ist es also, was da in dem Moment, wo Arjuna momentan hellsichtig dem Krishna gegenübertritt, was ist es, was da die hellseherische Kraft aus der Seele des Arjuna hervorruft? Es ist das erschütternde Ereignis, das ich erzählt habe. Und jene hellseherische Kraft holt es hervor, die in alten Zeiten dem Menschen allgemein eigentümlich war. Was kann nun Arjuna sehen, schauen dadurch, daß bei ihm hervorgerufen wird die alte hellseherische Kraft, die sonst sich schon dem Untergange neigte in seiner Seele? Trocken und rein historisch gesprochen, soll Arjuna der geistigen Wesenheit entgegentreten, welche wir im Sinne der Bhagavad Gita als Krishna anzusprechen haben.

Nun muß, damit völliges Verständnis ausgebreitet werden kann über dasjenige, was eigentlich in der Seele des Arjuna vorgeht, aufmerksam gemacht werden darauf, daß jenes Erheben der Menschenseele in die Region, aus welcher sonst die Träume gewoben werden, heute eigentlich nicht mehr ganz dazu führt, Krishna oder die Wesenheit des Krishna voll zu verstehen. Wenn wir auch wirklich all die Kräfte ausbilden, die uns bewußt hinüberführen in die Region, die wir im vorigen Vortrag charakterisiert haben als die Region des Traumbewußtseins, können wir doch nicht heute sozusagen die volle Entdeckung machen dessen, was Krishna ist.

Rufen wir uns noch einmal ins Gedächtnis, was ich gestern geschildert habe. Das gewöhnliche alltägliche Bewußtsein wollen wir als diese untere Region bezeichnen. Darüber liegt eine Region, die für die Alltäglichkeit unbewußt bleibt, die nur bewußt wird gleichsam in einem Scheingebilde, als Maya, als Traumbewußtsein. Wenn wir aber in der Art, wie es im vorigen Vortrage dargestellt worden ist, sozusagen die Träume herausschaffen, die Maya zu tilgen versuchen, dann kommen Eindrücke aus einer anderen Welt in diese Region des menschlichen Bewußtseins hinein.

In der Tat mischt sich aber nun für den Menschen in alle diese Erlebnisse, die er hat, alles dasjenige von der physischen Umwelt herein, was eben eigentlich wie ein Überschuß in der Seele anderen, inneren, übersinnlichen Welten angehört, von denen der Mensch nur Kenntnis erhalten kann, wenn er eben dieses Bewußtsein entwickelt. Da macht der Mensch in der Tat die Erfahrung, die nur derjenige als Reminiszenz des täglichen Lebens beschreiben wird, der materialistisch gesinnt ist und als solcher keine Ahnung hat, wie eigentlich die Erfahrungen sind, die der Mensch dann macht. Denn die Welt schaut eben doch etwas anders aus, als sie aussieht, wenn man nur den physischen Plan um sich hat. Man macht die Entdeckung, daß man etwas sieht, was man eigentlich in der gewöhnlichen Welt nie sieht. Wenn man sich auch oftmals denkt, man sehe etwas, die Menschen glauben, sie sehen Licht, in Wahrheit sieht der Mensch ja auf dem physischen Plane nicht Licht, sondern er sieht Farben, Farbennuancen, hellere und dunklere Farben, er sieht nur die Wirkung des Lichtes, aber Licht selber durchschweift unsichtbar den Raum. Wenn der Mensch nur in den Raum, durch den das Licht geht, schaut, so sieht er das Licht nicht. Wir können uns ja leicht davon überzeugen durch das ganz grobklotzige Erlebnis, daß, wenn wir durch ein Fenster Licht lassen, wir eine Art Strahlenbündel im Zimmer sehen. Aber dann muß eben Staub in der Luft sein. Wir sehen den Widerglanz, die Reflexion des Lichtes, aber das Licht sehen wir nicht. Das Licht selbst bleibt unsichtbar. Jetzt aber, nach solchen Erfahrungen, bekommt man das Licht wirklich zu sehen, man nimmt es wirklich wahr. Das kann man aber erst, wenn man eben in die höheren Welten aufrückt. Dann ist man wirklich von flutendem Licht umgeben, wie man in der physischen Welt in flutender Luft ist. Nur kommt man nicht mit seinem physischen Leibe herauf, man braucht da oben nicht zu atmen, aber mit dem Teil seines Wesens kommt man herauf, welcher das Licht so braucht, wie der Leib in der physischen Welt die

Luft braucht. Das Lebenselement ist da oben das Licht, man möchte sagen Lichtluft, die dort Bedürfnis des Daseins ist, wie die Luft Bedürfnis des Daseins ist für den Menschen der physischen Welt. Durchdrungen, durchsetzt wird dieses Licht in der Tat von so etwas, wie die Luft in unserem Umkreise durchsetzt ist von Wolkenbildungen. Die sind aber Wasser. Doch dieses Wasser auf dem physischen Plane läßt sich auch mit etwas, was da oben ist, vergleichen. Dasjenige, was uns da entgegenkommt wie schwimmende, schwebende Gebilde im flutenden Licht, wie hier Wolken durch die flutende Luft schweben, das ist webender, lebender Ton, webendes Tongebilde, das ist Sphärenmusik. Und dasjenige, was man weiter wahrnehmen wird, das ist fließendes, webendes Leben selber.

Man kann also schon diese Welt, in die man da eintaucht mit der Seele, beschreiben, aber die Dinge, durch die man beschreiben muß, die müssen eigentlich sinnlos sein für die physische Welt. Daher wird vielleicht derjenige diese Welt, die zwar für die physische Vorstellung sinnlos ist, darum aber doch eine höhere Wirklichkeit hat, am besten beschreiben, der die für den physischen Plan sinnlosesten Worte gebrauchen wird. Nun haben es ja selbstverständlich alle materiellen Philisterseelen leicht, zu widerlegen. Deshalb nehmen sich auch diese Widerlegungen so plausibel aus, welche die materialistisch Gesinnten gegenüber demjenigen machen, was der Okkultist über die höheren Welten zu sagen hat. Er weiß es schon selber, daß diese Widerlegungen sehr leicht zu machen sind, denn man beschreibt ja die höheren Welten am besten, wenn man Worte gebrauchen muß, die gar nicht passen für dasjenige, was der Mensch im Auge hat, wenn man vom physischen Plan redet.

Man möchte zum Beispiel reden von «Lichtluft» oder «Luftlicht». Das gibt es nicht auf dem physischen Plan. Da oben aber gibt es Luftlicht, Lichtluft. Auch lernt man in der Welt, in die man da hineindringt, kennen die Abwesenheit des Lebenselementes, der nötigen Menge von Lichtluft und Luftlicht, dadurch, daß man sich beklommen fühlt, schmerzlich berührt fühlt in der Seele: ein Zustand, der sich vergleichen läßt mit dem Zustand auf dem physischen Plan, wenn man aus Luftmangel keinen Atem findet. Und auch den entgegengesetzten Zustand trifft man dort an, den Zustand wahrer, echter, man möchte sagen heiliger Lichtluft, den Zustand, zu leben in diesem Reinen, Heiligen, und zu schauen geistige Wesenheiten, die sich innerhalb dieser Lichtluft recht gut bemerkbar machen können und da ihr Wesen treiben. Es sind alle diejenigen Wesenheiten, die unter der Führung des Luzifer stehen. In dem Augenblicke, wo wir ohne gehörige Vorbereitung in diese Region hineinkommen, durch nicht gehörige oder auch nicht ordentliche Vorbereitung, bekommt Luzifer die Macht, uns die Lichtluft zu entziehen. Er versetzt uns sozusagen seelisch in Atemnot. Das hat zwar nicht die Wirkung der Atemnot auf dem physischen Plane, sondern eine andere Wirkung, nämlich die, daß wir jetzt, etwa wie ein Eisbär, wenn er nach dem Süden gebracht wird, lechzen nach dem, was uns von dem geistigen Schatz, von dem geistigen Licht des physischen Planes kommen kann. Das ist nämlich gerade das, was Luzifer haben will: daß wir uns nicht befassen mit demjenigen, was von den höheren Hierarchien kommt, sondern dürstend hängen an dem, was er in den physischen Plan gebracht hat, wenn wir durch unsere Vorbereitung uns nicht genügend geschult haben. Stehen wir dann vor Luzifer, dann entzieht er uns das Luftlicht, dann bekommen wir seelische Atemnot, dann lechzen wir nach dem, was geistig aus dem physischen Plane kommt.

Wie nimmt sich das aber im Konkreten aus? Nehmen wir an, irgend jemand macht Vorbereitungen, die ihn geführt haben dazu, in die höheren Welten wirklich hinaufzukommen, das heißt, diese obere Region wirklich zu erreichen. Aber nehmen wir an, er macht nicht die gehörigen Vorbereitungen dazu, vergißt zum Beispiel, daß der Mensch neben allen Übungen zugleich seine moralischen Empfindungen, seine moralischen Gefühle veredeln muß, daß der Mensch irdische, ehrgeizige Machtgefühle aus seiner Seele ausreißen muß – man kann in die höheren Welten hinaufkommen, auch wenn man ein ehrgeiziger, eitler, machtlüsterner Mensch ist, aber dann trägt man irdische Eitelkeit, irdische Machtlust in diese höheren Welten hinauf –, wenn ein Mensch so seine moralischen Empfindungen und Gefühle nicht geläutert hat, dann nimmt ihm oben Luzifer die Lichtluft, das Luftlicht. Dann nimmt man nichts wahr da oben von dem, was in Wirklichkeit oben ist, dann lechzt man nach dem, was unten auf dem physischen Plane ist; man atmet gleichsam dasjenige, was man auf dem physischen Plan hat wahrnehmen können. Man glaubt dann zum Beispiel, man überschaue dasjenige, was nur auf geistige Weise, eben in der Lichtluft, zu überschauen ist, nur dann zu überschauen ist, wenn man Luftlicht atmet. Man glaubt, verschiedene Inkarnationen verschiedener Menschen zu überschauen. Das ist aber nicht wahr, man überschaut sie nicht, weil einem eben Luftlicht fehlt. Man saugt aber wie lechzend, was unten auf dem physischen Plan vorgeht, herauf in diese Region und schildert allerlei Dinge, die man unten auf dem physischen Plan erworben hat, wie Vorgänge in höheren Welten. Es gibt sozusagen kein besseres, oder besser gesagt, kein schlimmeres Mittel, als mit irdischen, eitlen Machtgelüsten in die höheren Welten hinaufzuheben seine Seele. Wenn man das aber tut, so wird man niemals wahre Forschungsergebnisse aus diesen höheren Welten herunterbringen können, sondern was man herunterbringt, wird nur ein Scheinbild dessen sein, was man sich auf dem physischen Plan ausgedacht, ausgesonnen hat und dergleichen.

Da habe ich gleichsam nur die allgemeine Szenerie geschildert. Aber man begegnet auch Wesenheiten, die man elementarische Wesenheiten nennen kann. Während man hier in der physischen Welt von Naturkräften spricht, bekommen da oben diese Kräfte etwas Wesenhaftes. Und man macht vor allem da eine ganz bestimmte Entdeckung, man macht die Entdeckung – jetzt aber durch die Tatsachen, die einem entgegentreten –: ja, hier auf dem physischen Plan gibt es Gutes und Böses, da oben aber gibt es gute und böse Kräfte. Hier in der physischen Welt ist Gutes und Böses in der Menschenseele gemischt, vereint, bei dem einen mehr, bei dem anderen weniger nach der guten Seite hin, da oben aber gibt es Wesenheiten, die als böse Wesenheiten gegen dasjenige kämpfen, was von Wesenheiten, die man gute Wesenheiten nennen muß, hervorgebracht wird. Man kommt da in eine Region hinein, wo man sozusagen das gesteigerte Selbstbewußtsein schon brauchen kann, wo man brauchen kann eine geschärfte Urteilskraft, die eben mit diesem gesteigerten

Selbstbewußtsein verbunden sein muß. So daß man zum Beispiel wirklich sich sagen kann: Es müssen da oben auch Wesenheiten sein, die sozusagen die Mission des Bösen haben, neben den Wesenheiten, die die Mission des Guten haben.

Auf dem physischen Plane wird einem immer entgegnet: Warum hat denn die allweise Weltengottheit nicht bloß das Gute geschaffen, warum ist denn nicht immer und überall nur das Gute vorhanden? – Wenn nur das Gute vorhanden wäre, dann würde die Welt – davon überzeugt man sich – eine einseitige Richtung nehmen müssen, dann würde die Welt durchaus nicht all die Fülle hervorbringen können, die sie hervorbringt. Das Gute muß eine Widerlage haben. Gewiß, man kann das schon auf dem physischen Plane einsehen. Aber man lernt erkennen: Nur so lange kann man glauben, daß die guten Wesenheiten allein die Welt zu Rande bringen würden, solange man auskommt mit der Sentimentalität, mit der Welt der Phantasie. Mit der Sentimentalität kann man noch in der Region des Alltags auskommen, aber nicht, wenn man in die ernsten Realitäten der übersinnlichen Welt hineinkommt. Da weiß man, daß die guten Wesenheiten die Welt allein nicht machen könnten, daß sie zu schwach wären, um die Welt zu gestalten, daß beigesetzt werden müssen der gesamten Evolution diejenigen Kräfte, die aus den bösen Wesenheiten kommen. Das ist weisheitsvoll, daß das Böse beigemischt ist der Weltenevolution. Daher muß man neben die Dinge, die man sich abgewöhnt, die man bekämpft, auch das Abgewöhnen einer jeglichen Sentimentalität setzen. Man muß erkennen, daß das notwendig ist. Unerschrocken und mutig muß man jenen gefährlichen Wahrheiten entgegengehen können, die man einsieht durch das Wahrnehmen des Kampfes, der sich gerade in dieser Region abspielt, der einem da offenbart werden kann von seiten der guten und bösen Wesenheiten. Das alles sind solche Dinge, die man erlebt, wenn man seine Seele geeignet macht, bewußt in diese Region einzudringen. Aber dann sind wir eigentlich erst in die Traumregion hineingekommen.

Wir leben aber noch in einer weitaus anderen Region als Menschen, in einer Region, für die wir als Seelen im normalen Leben so wenig geeignet sind, daß wir in ihr überhaupt gar nichts wahrnehmen können. Das ist die Region, die wir als Seelen durchleben im traumlosen, tiefen Schlaf, die Region, in die niemals Träume hineinreichen können: die Region des gewöhnlichen Schlafbewußtseins. Hier beginnt schon der absolute Widerspruch, denn der Schlaf ist doch eigentlich dadurch charakterisiert, daß das Bewußtsein eben völlig aufhört. Schlafbewußtsein, ein vollkommenes Paradoxon, ist jener Zustand, in dem wir sind, wenn wir vom Einschlafen bis zum Aufwachen leben. Diesen Zustand wollen wir zunächst das Schlafbewußtsein nennen. Dieses Schlafbewußtsein ist für das normale menschliche Leben ja in der Tat so, daß der Mensch eben aufhört, bewußt zu sein, wenn er in dieses Leben hineingeht, und mit dem Aufwachen erst wieder bewußt wird. Aber in uralten Zeiten des Hellsehens war auch diese Region für die Menschenseele etwas Erlebbares. Da gab es, wenn wir in diese alten Zeiten unserer Erdenentwickelung, sogar noch in nachatlantische Zeiten zurückgehen, durchaus einen Zustand, der für das gewöhnliche Leben dem Schlafe gleich war, in welchem aber wahrnehmbar war eine noch höhere, noch geistigere Welt, als diejenige ist, die in der Traumregion wahrzunehmen ist. Wir können zu solchen Zuständen kommen, die für das gewöhnliche menschliche Leben ganz gleich sind dem Schlafzustande, die aber kein Schlaf sind, weil sie von Bewußtsein durchdrungen sind. Dann sehen wir, wenn wir so hoch hinaufgekommen sind, nicht die physische Welt. Allerdings sehen wir noch die Welt der Lichtluft, die Welt der Töne, die Welt der Weltenharmonie, die Welt des Kampfes der guten und bösen Wesenheiten. Aber diese Welt, die wir da sehen, ist, man möchte sagen, noch verschiedener, noch grundverschiedener von allem, was in der physischen Welt besteht. Es ist eine Welt, welche daher noch schwieriger zu beschreiben ist als diejenige Welt, die man antrifft, wenn man in die Region des Traumbewußtseins kommt.

Ich möchte Ihnen nun eine Art von Vorstellung geben, wie praktisch eigentlich das Bewußtsein in dieser Region arbeitet, wie es wirkt. Wenn man das schildert, worüber ich Andeutungen gemacht habe von einer hohen Welt, in welche Träume hereinragen, da wird man von der gewöhnlichen Philistrosität als Phantast erklärt. Wenn man aber gar beginnt, von den Erfahrungen zu sprechen aus dieser Region heraus, die sonst der Mensch nur durchschläft, dann werden die Menschen schon nicht mehr nur so gehässig, daß sie einem Phantasterei vorwerfen, nein, dann werden sie, wenn sie überhaupt sich irgend einlassen darauf und keine Bösartigkeit haben, schon ganz wild.

Wir haben ein kleines, oder vielmehr ein großes Beispiel auf diesem Gebiete schon erleben können. Während ja zunächst, als in Deutschland meine Bücher erschienen sind, die öffentliche, sich gelehrt nennende Kritik selbstverständlich gehässig und allerlei Dinge vermutend diese Bücher beurteilte, wurde die Kritik auf einem Punkte wirklich ganz wild, schon bis zu dem Grade wild, daß man sagen kann: Eine gewisse Kritik wird, wenn sie gar zu wild wird, einfach töricht. Dieser Punkt war ein solcher, wo einmal aufmerksam gemacht werden sollte auf etwas, was wirklich nur aus der erwähnten Region des Geistes kommen kann. Das war die Sache, die ausgesprochen ist in meinem Buche: «Die geistige Führung des Menschen und der Menschheit», die Sache von den zwei Jesusknaben. Für diejenigen der lieben Freunde, die damit nicht bekannt sind, möchte ich wiederholend erwähnen, daß sich ergab als okkultes Forschungsresultat, daß geboren wurde im Beginne unserer Zeitrechnung nicht nur ein Jesusknabe, sondern zwei. Der eine abstammend aus der sogenannten nathanischen Linie des Hauses David, der andere aus der sogenannten salomonischen Linie. Diese beiden Jesusknaben wuchsen miteinander auf. In dem Leibe des salomonischen Knaben lebte die Zarathustraseele, die in dem zwölften Jahre überging – und das ist etwas tief Bedeutsames – in den anderen Jesusknaben, und da bis zum dreißigsten Jahre dieses Leibes lebte. Sie lebte also in dem Leibe, der bis zum zwölften Jahre eingenommen worden war von einer geheimnisvollen Seele, bis zum dreißigsten Jahre dieses Leibes. Von dem dreißigsten Jahre an lebte dann in diesem Leibe diejenige Wesenheit, die wir die Christuswesenheit nennen, solange sie überhaupt auf der Erde lebte: drei Jahre.

Wie gesagt, wild geworden sind diejenigen, die sich überhaupt von der Außenwelt her eingelassen haben auf diese Geschichte der zwei Jesusknaben. Wir können ihnen das ja weiter auch gar nicht übelnehmen, denn die Leute wollen doch natürlich etwas kontrollieren mit der Wissenschaft, die sie haben. Aber das, was sie kritisieren wollen, stammt eben aus einer Region, die sie halt immer verschlafen. Deshalb kann man ihnen ja gar nicht übelnehmen, daß sie davon nichts wissen. Allerdings reicht eigentlich die gesunde Vernunft schon aus, dies zu begreifen. Aber auf solches Begreifen lassen die Leute sich nicht ein, sie wandeln dieses Begreifens Kraft gleich um in Wildheit und Gehässigkeit.

Solche Wahrheiten, wie diese von den zwei Jesusknaben, die eben in dieser höheren Region gefunden werden, entsprechen niemals einer Sympathie oder Antipathie. Solche Wahrheiten findet man in der Tat immer nur in einer solchen Weise, daß man sie eigentlich als Erfahrung nie macht, wenn ich «machen» dasjenige nennen darf, was sozusagen mit der Erkenntnisweise der physischen Welt zu tun hat, ja, eigentlich sogar mit der Erkenntnisweise derjenigen Region, in welcher das Traumleben ist. Da ist man sozusagen bei der Entstehung der Erkenntnis dabei, wie man dabei ist bei dem physischen Bewußtsein. Das gilt auch noch für denjenigen Okkultisten, der nur in diese Traumregion mit seinem Bewußtsein hereinragt. So daß man sagen kann: Wenn die Erkenntnisse dieser Region entstehen, ist man unmittelbar dabei. In einem solchen Dabeisein lassen sich solche Wahrheiten nicht finden, wie diese Wahrheit von den zwei Jesusknaben. Wenn man in der höheren Region solche Wahrheiten bekommt – und zwar so, daß sie in das Bewußtsein hineinkommen –, dann ist der Zeitpunkt, in dem man sie eigentlich erworben hat, längst vorbei, wenn man sie erkennt. Man hat sie früher schon erlebt, bevor man ihnen bewußt entgegentritt – und das soll man ja eben in unserer Zeit –, man hat sie schon in sich. So daß man zu den wichtigsten, wesenhaftesten, bedeutsamsten Wahrheiten so kommt, daß man das deutliche Bewußtsein in sich trägt: Als man sie erworben hat, war man in einem früheren Zeitpunkte als in dem jetzigen, wo man das, was man früher erworben hat, aus den Tiefen der Seele holt und sich bewußt macht.

Solche Wahrheiten trifft man in sich an, wie man in der Außenwelt antrifft eine Blume oder irgendein anderes Ding. Wie man in der Außenwelt denken kann über eine Blume oder über einen sonstigen Gegenstand, der eben zunächst einfach da ist, so kann man denken über die Wahrheiten, wenn man sie in sich selbst angetroffen hat, wenn sie in einem selbst einem entgegentreten. Wie man in der Außenwelt erst urteilen kann, nachdem man die Wahrnehmung eines Gegenstandes vollzogen hat, so findet man auch solche Wahrheiten in sich objektiv, und dann erst studiert man sie in sich selbst. Man studiert sie in sich selbst, wie man äußere Tatsachen studiert. Und so wenig es einen Sinn hat zu sagen: Diese Blume, ist sie wahr oder falsch? –, so wenig hat es einen Sinn, über das, was man da eigentlich in sich antrifft, zu fragen, ob es wahr oder falsch sei. Die Wahrheit oder Falschheit bezieht sich nur darauf, ob man fähig ist, das, was man findet, was einem bewußt wird, zu beschreiben. Die Beschreibung kann wahr oder falsch sein. Wahr sein und falsch sein bezieht sich ja nicht auf die Tatsache, sondern darauf, wie irgendein denkendes Wesen sich zu der Tatsache stellt. Auf die Tatsachen sind die Worte «wahr» oder «falsch» gar nicht anwendbar.

Es ist in der Tat das Kommen zu Forschungsergebnissen auf diesem Gebiete ein Hineinschauen in eine Seelenregion, in der man vorher auch gelebt hat, in die man nur nicht mit dem Bewußtsein hineingeschaut hat. Man kann am besten im Fortschreiten okkulter Übungen in diese Region hineinkommen, wenn man geradezu acht gibt auf solche Momente, in denen sich in den Tiefen der Seele nicht bloß Urteile, sondern Tatsachen ergeben, von denen man weiß, daß man nicht mitgewirkt hat mit dem Bewußtsein an ihrem Entstehen. Je mehr man verwundert sein kann über dasjenige, was sich da einem enthüllt wie ein ganz objektiver Gegenstand der Außenwelt, je überraschender das für einen ist, desto mehr ist man vorbereitet, in diese Region hineinzukommen. Daher ist es in der Regel so, daß man mit alldem, was man sich zusammenkonstruiert hat, was man vermutet, nur schlecht in diese Region hineinkommt. Sie haben kein besseres Mittel, nichts zu finden, zum Beispiel über vorherige Inkarnationen dieser oder jener Persönlichkeit, als nachzudenken, was diese in den vorherigen Inkarnationen gewesen sein könnte. Wenn Sie zum Beispiel untersuchen wollten, sagen wir, die früheren Inkarnationen des Robespierre, dann wäre es das beste Mittel, nichts über ihn zu erfahren, wenn Sie historische Persönlichkeiten aufsuchten, von denen Sie vermuten, daß sie vorherige Inkarnationen von Robespierre sein könnten. Das beste Mittel wäre das, um niemals das Richtige zu erfahren. Man muß sich in energischer Weise abgewöhnen, Meinungen, Vermutungen, Hypothesen sich zu machen. Immer mehr und mehr muß derjenige, der ein wirklicher Okkultist werden will, sich daran gewöhnen, möglichst wenig über die Welt zu urteilen. Denn dann kommt er am schnellsten dazu, daß ihm die Tatsachen entgegenkommen. Je mehr der Mensch sich schweigend in seinen Vermutungen, in seiner Meinung verhält, desto mehr erfüllt sich das Innere seiner Seele mit Tatsachen der geistigen Welt.

Man kann zum Beispiel sagen, daß derjenige, der in einem bestimmten religiösen Vorurteile aufgewachsen ist, der ganz bestimmte Gefühle und Empfindungen, vielleicht auch Vermutungen über den Christus hat, nicht sehr geeignet wäre, von vornherein solch eine Wahrheit zu finden wie die Geschichte von den zwei Jesusknaben. Gerade wenn man etwas neutral fühlt gegenüber dem Christus-Ereignis, dann ist dies eine gute Vorbereitung, wenn man nur auf der andern Seite die anderen notwendigen Vorbereitungen macht. Vorurteilsvolle Buddhisten werden am wenigsten etwas Vernünftiges über Buddha zu sagen wissen, ebenso wie vorurteilsvolle Christen am wenigsten über den Christus zu sagen wissen werden. So ist es auf allen Gebieten. Man muß schon einmal gewissermaßen alle für das gewöhnliche Leben so zu nennenden Bitternisse durchmachen, gleichsam ein doppelter Mensch werden, wenn man in diese Region, die jetzt als eine dritte geschildert worden ist, eintreten will. Ein doppelter Mensch ist man ja auch im gewöhnlichen Leben, wenn man auch von der einen Hälfte seines Seins keinen bewußten Gebrauch macht. Man ist auch im gewöhnlichen Leben ja ein wachender und ein schlafender Mensch. Wahrhaftig: so verschieden Wachen und Schlafen ist, so verschieden ist diese Region von der physischen Welt, diese dritte Region in den höheren Welten. Diese Region ist etwas Besonderes für sich. Sie ist auch eine Umwelt, aber eine völlig neue Welt, die wir am besten dann erkennen, wenn wir nicht nur dasjenige auszulöschen vermögen, was die Sinne an Eindrücken der physischen Außenwelt übermitteln, sondern auch alles das, was wir fühlen und empfinden können, wofür wir uns leidenschaftlich erregen können in bezug auf Dinge der Sinnenwelt. Im gewöhnlichen Leben ist der Mensch so wenig geeignet zum Erleben dieser Welt, daß sein Bewußtsein ausgelöscht wird jede Nacht. Dazu gelangt er nur, wenn er imstande ist, wirklich aus sich einen Doppelmenschen zu machen. Und derjenige Mensch, der vergessen kann, der ausschalten kann zunächst alles, was ihn interessiert in dieser physischen Welt, der kann dann in diese andere, höhere Welt eindringen. Die mittlere Welt, die Welt, in der auch die Träume gewoben werden, sie ist gleichsam gemischt aus den beiden anderen Welten. In sie ragen sowohl Elemente der höheren Welt, die der Mensch sonst verschläft, als auch die Elemente des Alltagsbewußtseins. Deshalb kann auch niemand die wahren Ursachen der physischen Welt erkennen, wenn er nicht in seinem Erkennen einzudringen vermag in diese dritte Region. Wenn aber der Mensch durch eigene Erfahrung heute die Entdeckung machen will, wer zum Beispiel Krishna ist, so kann er das nur in dieser dritten Region. Und jene Eindrücke, die Arjuna bekommen hat, und die uns geschildert werden in dem erhabenen Sang, in der Bhagavad Gita, dadurch, daß sie dem Krishna in den Mund gelegt werden, sie stammen aus dieser Welt. Daher mußte ich heute zunächst vorbereitend sprechen von dem Aufrücken des Menschen in diese dritte Region, damit wir begreiflich finden können, woher eigentlich die wunderbare und doch grotesk klingende Wahrheit stammt, die Krishna dem Arjuna sagt, und die doch sehr unähnlich klingt demjenigen, was gewöhnlich gehört werden kann. Kennenzulernen den Krishna und damit den Nerv der Bhagavad Gita, das soll die eine Seite dieser Vorträge sein. Auf der anderen Seite sollten Sie aber in den okkulten Grundzügen dieses wunderbaren Sanges etwas haben, das Sie, wenn Sie es wirklich gebrauchen, auch wirklich den Weg in die höheren Welten finden lassen kann. Denn der Weg in die höheren Welten ist jedem Menschen offen, wenn er nur verstehen will, wie das Körnchen Gold, das man erst haben muß, in dem Bewußtsein besteht, daß in das alltägliche Leben Dinge hineinspielen, in denen die höchsten geistigen Wesenheiten leben und weben.

FÜNFTER VORTRAG

Helsingfors, 1. Juni 1913

Wenn wir in die Rätsel des menschlichen Lebens eindringen wollen, dann müssen wir vor allen Dingen auf ein großes Lebensgesetz unser Augenmerk richten: auf das sogenannte zyklische Lebensgesetz. Besser als Definitionen sind Charakteristiken. Daher möchte ich auch in diesem Falle nicht eine Definition geben desjenigen, was hier unter dem zyklischen Verlauf des Lebens gemeint ist, sondern ich möchte mehr charakterisieren. Ich habe ja schon öfter an anderen Orten mich ausgesprochen über den geringen Wert von sogenannten Definitionen. Sie bleiben doch gegenüber der Wirklichkeit immer nur etwas Armseliges. In einer griechischen Philosophengesellschaft versuchte man einmal, um sich die Natur der Definition klarzumachen, die Definition des Menschen zu geben. Definitionen sollen ja dasjenige, was die Erscheinung darbietet, auf Begriffe zurückführen. Es ist nur radikal das ausgesprochen, was im Grunde genommen für den, der mehr logische Einsicht hat, doch eigentlich eine Armseligkeit darbietet. Die Leute der griechischen Philosophengesellschaft kamen nun überein, die Definition zu geben: Der Mensch ist ein Wesen, das zwei Beine und keine Federn hat. Das ist ja nun keine besonders geniale Definition, aber sie zeigt im Radikalen die Mängel einer jeden Definition. Es ist ja nicht zu leugnen, daß diese Definition, wenn sie auch eine Art albernen Ausspruchs darstellt, wirklich das äußere Wesen des Menschen in einer gewissen Beziehung gibt. Am nächsten Tage aber brachte jemand einen gerupften Hahn mit und sagte: Das ist also nach eurer Definition ein Mensch! – Wirklich ein alberner Ausspruch. Er trifft aber doch im wesentlichen die Armseligkeit alles Definierens. Darum wollen wir, wo es sich um Wirklichkeiten handelt, absehen von allem Definieren und wollen vielmehr charakterisieren.

Da möchte ich zunächst einen alltäglich bei uns auftretenden, ganz gewöhnlichen zyklischen Verlauf uns vor die Seele führen. Es ist der zyklische Verlauf des Schlafens und Wachens. Was bedeutet denn eigentlich für das gewöhnliche menschliche Leben Schlafen und Wachen? Man versteht die Natur des Schlafens erst, wenn man weiß, daß die innere Seelentätigkeit des Wachens im gegenwärtigen Menschheitszyklus doch eine Art Zerstörung feiner Strukturen des Nervensystems darstellt. Mit jedem Gedanken, mit jedem Willensimpuls, den wir auf Anregung der Außenwelt machen, zerstören wir während des ganzen wachen Lebens feinere Gehirnstrukturen. Wir stehen hier an einem Punkt, wo man in der Tat sagen kann, daß es in der nächsten Zeit immer mehr und mehr den Menschen klar werden wird, wie der Schlaf das wache Tagesleben ergänzen muß; wir stehen vor einem Punkte, wo immer mehr und mehr in der nächsten Zeit die Naturwissenschaft, die schon auf dem Wege dazu ist, sich mit der Geisteswissenschaft vereinen wird. Die Naturwissenschaft hat heute schon hypothetisch vielfach diese Theorie aufgestellt, daß das wache Tagesleben eine Art Zerstörungsprozeß darstellt im Nervensystem, in den feineren Strukturen des Gehirns. Weil wir so durch unser waches Tagesleben Zerstörungsprozesse hervorrufen, müssen wir vom Einschlafen bis zum Aufwachen den entsprechenden anderen, den ausgleichenden Prozeß in uns stattfinden lassen. Und es arbeiten in der Tat während unseres Schlafens in uns Kräfte, die sonst nicht zutage treten, nicht irgendwie bewußt werden. Es arbeiten Kräfte an der Wiederherstellung der während des wachen Lebens zerstörten feineren Nervenstrukturen unseres Gehirns.

Nun wird durch die Zerstörung der feinen Nervenstrukturen gerade erreicht, daß sich in uns Gedanken und Erkenntnisprozesse abspielen. Das gewöhnliche alltägliche Erkennen wäre nicht möglich, wenn nicht vom Aufwachen bis zum Einschlafen Zerstörungsprozesse, Abbauprozesse stattfänden. Das Schlafleben bedeutet nun ein Wiederherstellen dieser zerstörten Partien. Es findet also eine entgegengesetzte Arbeit an unserem Nervensystem statt: auf der einen Seite während des Wachens ein Zerstörungsprozeß, ein Abbauen, auf der anderen Seite während des Schlafens ein Aufbauen, ein Wiederherstellungsprozeß. Während des Schlafes bauen Kräfte in uns, arbeiten am Aufbau der zerstörten Gehirnstrukturen. Wir werden dadurch bewußt, daß der Zerstörungsvorgang sich vollzieht. Wir nehmen eigentlich die Zerstörung wahr, unser waches Tagesleben ist die Wahrnehmung von Zerstörungsprozessen. Weil während des Schlafens keine Zerstörungsprozesse stattfinden, sondern Reorganisationsprozesse, nehmen wir auch während dieses Zustandes nichts wahr. Es wird die Kraft, die sonst das Bewußtsein erzeugt, verbraucht zum Aufbau. Während des Aufbauens wird aber die Kraft nicht wahrgenommen, weil wir nur durch Zerstörungsprozesse bewußt werden können. Da haben wir einen Zyklus. Nehmen wir erst mal dasjenige, was im Schlafe geschieht.

Aufbau: Unbewußtheit, weil die Kräfte als Baukräfte verwendet werden; Abbau: Wachen, Bewußtheit, weil die Kräfte zerstören, weil die Kräfte frei werden, nicht zu bauen brauchen. Das unbewußte Schlafen und das bewußte Wachen, Aufbauen und Abbauen, das ist einer der gewöhnlichsten zyklischen Verläufe des Menschenlebens. Schlafen und Wachen, Bauen und Abbauen, ist ein solcher zyklischer Verlauf. Es ist aus diesem Grunde, weil das so ist, so gefährlich für das gesunde menschliche Leben, wenn nicht ein gehöriger Schlaf da ist. Gewiß, das menschliche Leben ist ja so eingerichtet, daß diese gefährlichsten Prozesse nicht sogleich hervortreten, weil dasjenige, was im Menschen vorhanden ist, doch von langer Zeit her gebildet ist. So daß im Grunde die Prozesse, die heute im Menschen verlaufen, wenn sie abnorme, unnormale sind, nicht so tief eingreifen können in die menschliche Natur, als man eigentlich zuerst glauben sollte. Man müßte eigentlich glauben nach allem, was gesagt worden ist, daß ein Mensch, der an Schlaflosigkeit leidet, weil er sein Gehirn ja nur zerstören läßt, in verhältnismäßig kurzer Zeit ganz herunterkommen müßte. Dieses Herunterkommen geschieht aber viel weniger schnell, als vorausgesetzt werden müßte. Daß dies so ist, beruht auf demselben Grunde, als warum zum Beispiel bei Menschen, die weder sehen noch hören können, wie bei Helen Keller, dennoch die menschliche Intelligenz ausgebildet werden kann. Das müßte man eigentlich in diesem gegenwärtigen Zyklus theoretisch für ganz unmöglich halten, denn die Dinge, die in unserem Gehirn heute einen großen Teil der Intelligenz ausmachen, kommen doch durch Auge und Ohr in unser Gehirn hinein. Wenn aber eine Persönlichkeit, wie die berühmt gewordene Helen Keller, doch ausbildungsfähig ist, so beruht das darauf, daß sie, wenn sie auch die Tore der Sinne geschlossen hat, ein Gehirn geerbt hat, das die Ausbildung möglich macht. Wenn der Mensch nicht darinnen stünde in der Vererbungslinie, dann könnte eine solche Ausbildung, wie bei Helen Keller, durchaus nicht stattfinden. Wenn der Mensch durch die Vererbung sozusagen sein Gehirn nicht viel gesunder hätte, als man gewöhnlich anzunehmen geneigt ist, so würde Schlaflosigkeit seine Gesundheit in ganz kurzer Zeit völlig untergraben. Nun ist aber so viel Vererbungskraft im allgemeinen da, daß Schlaflosigkeit wirklich lange arbeiten kann, ehe sie dem Menschen schadet. Deshalb bleibt es aber doch richtig, daß im wesentlichen dieser Zyklus vorhanden ist: Aufbau, und daher Bewußtlosigkeit im Schlaf, Abbau, und daher Bewußtheit während des Wachens.

Nicht nur solche kleineren Zyklen nehmen wir im gesamten menschlichen Leben wahr, sondern auch größere zyklische Verläufe nehmen wir wahr. Da möchte ich aufmerksam machen auf einen zyklischen Verlauf, auf den ich ja auch schon öfter hingewiesen habe. Derjenige, welcher den Verlauf des gesamten menschlichen Lebens in westlichen Gegenden verfolgt, der wird bemerken, daß eine ganz bestimmte Konfiguration des geistigen Lebens der Menschheit da war, sagen wir vom 14., 15., 16. Jahrhundert bis zum letzten Drittel des 19. Jahrhunderts. Allerdings sieht man auf die einschlägigen Dinge im gewöhnlichen Leben viel zu ungenau und flüchtig hin, man betrachtet im allgemeinen das Leben nicht tief genug. Wenn man aber gründlich das Leben betrachtet, wird man überall bemerken können, wie seit dem letzten Drittel des 19. Jahrhunderts eine ganz andere Konfiguration des abendländischen Geisteslebens beginnt. Freilich stehen wir mit diesem beginnenden Geistesleben erst am Anfang. Daher bemerken es die Menschen nicht in seiner ganzen Bedeutsamkeit und Wesenhaftigkeit. Aber denken wir uns, es hätte jemand versucht, in den vierziger, fünfziger Jahren des 19. Jahrhunderts vor einem solchen Auditorium von denselben Dingen zu sprechen, von denen ich hier zu Ihnen sprechen darf, denken wir uns das einmal. – Wir können uns das eben nicht denken, es wäre ein Unsinn, es wäre ganz ausgeschlossen gewesen in den vierziger, fünfziger Jahren des vorigen Jahrhunderts. So wäre es auch ganz ausgeschlossen gewesen, von diesen Dingen in dieser Weise zu sprechen in der Zeit vom 14., 15., 16. Jahrhundert bis zum letzten Drittel des 19. Jahrhunderts. Das war eben die Zeit, wo das naturwissenschaftliche Denken der Menschen groß geworden ist, jenes Denken, das die großen Erfolge des Materialismus gebracht hat, jenes Denken, an dem die nicht davon loskommenden Naturgelehrten noch lange hängen werden. Aber die eigentliche Epoche des Materialismus ist vorbei. Und ebenso, wie begonnen hat die Ära des naturwissenschaftlichen Denkens in dem angegebenen Zeitpunkte, ebenso beginnt jetzt die Ära des spiritualistischen Denkens der Menschheit.

Wir leben in der Zeit, in der hart aneinander stoßen diese zwei scharf voneinander zu unterscheidenden Epochen. Immer mehr wird es hervortreten, daß die Art des neuen Denkens erst sich zur Wirklichkeit zu stellen hat, daß das Denken bei den Menschen ein ganz anderes werden wird, als dasjenige der letzten vier Jahrhunderte sein mußte, weil die Menschen lernen mußten, naturwissenschaftlich zu erkennen. In den letzten vier Jahrhunderten hat es sich darum gehandelt, den Blick des Menschen hinauszuweiten in den Weltenraum. Öfter habe ich aufmerksam gemacht auf jenen bedeutsamen Moment in der Geistesentwickelung des Abendlandes, als Kopernikus, Galilei, Kepler, Giordano Bruno im Zusammenwirken sozusagen das blaue Himmelsgewölbe zersprengt haben. Bis dahin glaubte man, daß um unsere Erde herumhinge diese blaue Schale. Dann traten jene Geister auf, die diese Schale als ein Nichts erklärten und den Blick der Menschen hinauslenkten in unendliche Weltenfernen des Raumes. Was war eigentlich das Bedeutsame darin, daß, sagen wir, Bruno die Menschen schauen gelehrt hat, den Menschen klar gemacht hat, wie dasjenige, was sie als blaue Schale sich als Grenze ihres eigenen Sehvermögens gesetzt hatten, ein Nichts sei, daß er ihnen sagte: Dies ist nicht wirklich da, erkennt nur, daß ihr diese blaue Schale selbst in den Raum hinaus setzt? – Daß es der Anfang war, das war das Bedeutsame. Das Ende war die Tatsache im 19. Jahrhundert, als die Menschen lernten, die stofflichen Zusammensetzungen der fernsten Himmelskörper mit dem Spektroskop zu untersuchen. Eine wunderbare Epoche, die Epoche des Materialismus! Jetzt stehen wir am Ausgangspunkte einer anderen Epoche. Sie geht aus denselben Gesetzen hervor, sie ist aber die Epoche der Spiritualität. Wie durch Brunos Arbeit die naturwissenschaftliche Epoche vorbereitet ist, die blaue Schale des Himmelsgewölbes durchbrochen worden ist, so wird in dem Zeitalter, das jetzt beginnt, durchbrochen werden das Zeitenfirmament. Die Menschen werden lernen, indem sie das Menschenleben eingeschlossen glauben zwischen Geburt und Tod oder Empfängnis und Tod, daß dies Grenzen sind, selbstgemachte Grenzen der menschlichen Seele. Wie früher die Menschen sich die Grenzen der Sinne selbst gemacht hatten als blaue Himmelsschale, wie der Blick damals erweitert wurde in die unendlichen Raumessphären, so werden die Zeitgrenzen durchbrochen werden, die zwischen Geburt und Tod liegen, und losgelöst von Geburt und Tod werden liegen im unendlichen Zeitenmeere die Verwandlungen des Menschenkernes, die wir verfolgen in den immer wiederkehrenden Inkarnationen. Ein neues Zeitalter beginnt, das Zeitalter des spirituellen Denkens.

Worauf beruht für denjenigen, der die okkulten Grundlagen dieser Übergänge von einem Zeitalter zum anderen erkennen kann, diese Veränderung des menschlichen Denkens? Das kann keine Philosophie, keine äußere Physiologie und Anatomie ohne weiteres nachweisen. Wahr ist es doch. Kräfte, welche heute herausgetreten sind in die arbeitenden menschlichen Seelen, die heute angewendet werden innerhalb der menschlichen Seelen, um spirituelle Erkenntnisse zu sammeln, dieselben Kräfte arbeiteten in den letzten vier Jahrhunderten am menschlichen Organismus als aufbauende Kräfte. Nehmen wir den ganzen Zeitraum von Kopernikus bis zum letzten Drittel des 19. Jahrhunderts: In dieser ganzen Zeit arbeiteten geheimnisvolle Kräfte an der Körperlichkeit, wie im Schlafe die aufbauenden Kräfte am Nervensystem arbeiten. Diese aufbauenden Kräfte, die da arbeiteten am Menschen, stellten eine ganz bestimmte Gehirnstruktur her in den besonderen Partien des Gehirns. Die abendländischen Gehirne sind heute anders, als sie vor fünf Jahrhunderten waren. Heute schaut es unter der Schädeldecke nicht so aus wie vor fünf bis sechs Jahrhunderten. Da hat sich ein feines Organ gebildet, da arbeiteten Kräfte, die ein Organ bildeten, das vorher nicht da war. Wenn das äußerlich auch nicht bewiesen zu werden vermag, wahr ist es doch. Wahr ist es, daß unter der Stirnbildung des Menschen sich ausgebildet hat ein feines Organ. Da arbeiteten Kräfte unter der menschlichen Stirn, arbeiteten durch einen vier Jahrhunderte dauernden Zyklus hindurch. Diese Kräfte haben während dieses vier Jahrhunderte dauernden Zyklus ihre Aufgabe als aufbauende Kräfte erfüllt. Heute ist nun das Organ da, wenigstens bei den meisten abendländischen Menschen. Es wird immer mehr und mehr da sein in den nächsten Jahrhunderten, in dem Zyklus, welchem wir jetzt entgegengehen. Das Organ ist aufgebaut, die Kräfte werden frei. Und mit denselben Kräften wird die Menschheit des Abendlandes spirituelle Erkenntnisse sich erwerben. Da haben wir die okkulte physiologische Grundlage dessen, um was es sich handelt. Wir beginnen heute zu arbeiten mit den Kräften, welche die Menschen nicht gebrauchen konnten in den letzten vier Jahrhunderten. Da waren diese Kräfte beschäftigt damit, dasjenige aufzubauen, was bereitet werden mußte, damit spirituelles Erkennen Platz greifen konnte in der Welt.

So können wir uns einen Menschen denken, sagen wir, des 17. Jahrhunderts oder des 18. Jahrhunderts: Der steht so vor uns, daß wir wissen, daß hinter seiner Stirn gewisse okkulte Kräfte arbeiten, die sein Gehirn umformen. Diese Kräfte waren immer an diesen Partien am Werke bei den westländischen Menschen. Nehmen wir nun an, es wäre einem Menschen gelungen – und das kann gelingen –, einmal diese Kräfte im 17. oder 18. Jahrhundert aufzuhalten, sie nicht arbeiten zu lassen: dann wäre dasselbe bei ihm eingetreten – und es ist auch eingetreten –, was eintritt bei einem Menschen, der mitten im Schlafe die Kräfte, die sonst am Aufbau der Gehirnstruktur arbeiten, aufhält, der diese Kräfte spielen läßt, ohne daß sie in diesem Momente aufbauen. Man kann das, man kann Momente erleben, wo man aus dem Schlafe heraus wie aufwacht, und doch nicht aufwacht, wo man regungslos bleibt, die Glieder nicht bewegen kann, wo keine Wahrnehmung von außen stattfindet, und doch Wachzustand ist. Da arbeitet dasjenige, was sonst an dem weiteren Aufbau arbeitet. Das arbeitet nun nicht an dem Aufbau, sondern arbeitet frei, spielt frei. Das sind die Momente, wo wir die sonst an unser Gehirn verbrauchten Kräfte zum Hellsehen gebrauchen können. Das sind die Momente, wo wir, wie im Schlaf regungslos bleiben, Einblicke gewinnen können in die geistigen Welten. So war es aber auch, wenn ein Mensch des 17. oder 18. Jahrhunderts gleichsam einstellte die aufbauende Tätigkeit dieser aufbauenden Kräfte. Dann ließ er diese Kräfte für einen Moment nicht arbeiten, dann wurde er für einen Moment hellsichtig. Was sah er denn da? Was nahm er dann wahr? Er sah, was da im Gehirn arbeitete aus den geistigen Welten herein, die Kräfte, welche die Menschen etwa vom 15. Jahrhundert an bis in das 19. Jahrhundert hinein dazu vorbereiteten, daß diese Menschen vom 20. Jahrhundert ab sich in die spirituellen Welten erheben können. Vereinzelte Menschen hat es immer gegeben, die solche Erfahrungen hatten. Solche Erfahrungen waren gewaltig bestürzend, weil sie ungeheuer eindrucksvoll waren. Es hat immer Menschen gegeben, welche für Momente in demjenigen lebten, was hereinarbeitete aus der übersinnlichen Welt in die sinnliche, um in dieser etwas hervorzubringen, was in früheren Menschheitszyklen nicht da war, nämlich dieses feinere Organ in der Stirnhöhle. Götter, geistige Wesen bei ihrer Arbeit am Aufbau des menschlichen Organismus nahmen solche Menschen wahr, die in der geschilderten Weise hellsichtig wurden.

Wir charakterisieren damit zugleich die Hellsichtigkeit von einer besonderen Seite her. Wir können ja auch dadurch, daß wir die in dem Buch «Wie erlangt man Erkenntnisse der höheren Welten?» gegebenen Übungen anwenden, solche Momente im Schlafe herbeiführen. Wir können dann Einblicke haben in das geistige Leben in der Art, wie sie geschildert ist in meinem Buche «Ein Weg zur Selbsterkenntnis des Menschen».

Es kann also in einem Menschheitszyklus, wo dasjenige frei wird, was da vorbereitend arbeitet für die Zukunft, es kann also innerhalb eines solchen Zyklus das, was die Zukunft vorbereitet, sichtbar werden dem hellsichtigen Blick. Wir bezeichnen das auch mit einem anderen Namen – denn Namen sagen ja nichts –, es wäre ebensogut, wir bezeichneten jene Kräfte, welche da gearbeitet haben durch vier Jahrhunderte hindurch an dem feinen Umbau der menschlichen Gehirnstruktur, als die Kraft des Gabriel. Wir sagen Gabriel, aber es kommt nur darauf an, daß man für einen Moment Einblick erhält in die übersinnlichen Welten. Man bekommt den Einblick auf eine geistige Wesenheit, die aus der übersinnlichen Welt heraus an dem menschlichen Organismus arbeitet. Wir sprechen also von einer Summe von Kräften, die aber dirigiert werden von einer Wesenheit aus der Hierarchie der Archangeloi, Gabriel. Wir sagen daher: An dem menschlichen Organismus hat gearbeitet vom 15. Jahrhundert bis zum letzten Drittel des 19. Jahrhunderts die Gabrielkraft. Und weil da eine spirituelle Kraft im besonderen am Physischen gearbeitet hat, so schlief das Verständnis für das Spirituelle dazumal, und dieses Schlafen des Verständnisses für das Spirituelle brachte die großen Triumphe der Naturwissenschaft hervor. Jetzt aber ist diese Kraft erwacht. Das Spirituelle hat gearbeitet. Es beginnt das spirituelle Zeitalter, nachdem die Kräfte frei geworden sind, die wir die Gabrielkräfte nennen, nachdem wir diese Kräfte, die Seelenkräfte geworden sind, gebrauchen können, die früher unter der Schädeldecke am physischen Aufbau eines Organs gearbeitet haben.

Da haben wir einen etwas bedeutungsvolleren zyklischen Verlauf als denjenigen von Tag und Nacht, von Wachen und Schlafen. Es gibt aber noch viel bedeutendere zyklische Verläufe in der Menschheitsevolution. So können wir hinweisen darauf, daß jenes menschliche Selbstbewußtsein, das gerade jetzt in diesem Zyklus unserer nachatlantischen Zeit den ganzen Stolz der Menschheit bildet, sich erst nach und nach ausbilden mußte. Das war ja früher nicht da. Man spricht heute viel von Entwickelung, aber man macht selten ganz ernst mit der Entwickelung.

Wie naiv die Menschen sind in bezug auf dasjenige, was sie eigentlich umgibt, darüber kann man manchmal sehr eigenartige Erfahrungen machen. Die Menschen lassen eben vieles in aller Naivität aus dem Unterbewußtsein heraufspielen und entschließen sich schwer, wirklich bewußt dasjenige, was an Kräften aus unbekannten Welten in die bekannten hereinspielt, den übersinnlichen Welten zuzuschreiben. Gerade in den letzten Tagen ist mir wieder ein sonderbares Beispiel sozusagen einer auf halbem Wege stehenbleibenden Logik entgegengetreten. Man muß schon sagen, man begreift die Widerstände, die der anthroposophischen Weltanschauung entgegentreten, wenn man weiß, daß notwendig zum Verständnis der Anthroposophie ein ganz besonderes Denken ist, bei dem man nicht auf halbem Wege mit irgendeinem Gedanken stehenbleiben darf. Da ist nun innerhalb Deutschlands ein Freidenkerkalender erschienen, zum erstenmal im vorigen Jahr. Darin wendet sich ein durchaus ehrlicher Mensch dagegen, den Kindern religiöse Begriffe beizubringen. Er führt aus, daß dies eigentlich gegen die Natur des Kindes spreche. Er habe beobachtet, daß, wenn man Kinder frei aufwachsen ließe, sie keine religiösen Begriffe entwickelten. Also wäre es unnatürlich, diese Begriffe in die Kinder hineinzupfropfen. Man kann nun ganz überzeugt sein, daß dieser Kalender an Hunderte von Menschen geht und daß diese meinen verstehen zu können, wie es eigentlich Unsinn sei, religiöse Begriffe den Kindern beizubringen. Solche Dinge gibt es heute massenhaft, denn die Leute merken gar nicht mehr die Unlogik. Man braucht ja nur zu erwidern, daß, weil Kinder, die durch irgendeinen Umstand, sagen wir, auf einer Insel allein gelebt haben, nicht sprechen lernten, man die Kinder überhaupt nicht sprechen lehren sollte. Das wäre genau dieselbe Logik. Allerdings werden sich die Leute darauf nicht einlassen, daß dies dieselbe Logik sei, die sie doch so ungeheuer geistreich finden im ersten Fall. Niedlich ist es, wenn man solch eine Erfahrung macht, man möchte sagen, auf dem großen Horizonte des heutigen äußeren Lebens, das nur noch ganz ein Nachspiel, ein Auslaufen des materialistischen Zeitalters darstellt.

Da gibt es sehr bemerkenswerte Aufsätze, die in der letzten Zeit erschienen sind, von dem Präsidenten der Vereinigten Staaten Nordamerikas, Woodrow Wilson. Da gibt es einen Aufsatz über die Gesetze des menschlichen Fortschritts. Darin wird wirklich recht nett und sogar geistreich ausgeführt, wie die Menschen eigentlich beeinflußt werden von dem, was das tonangebende Denken ihres Zeitalters gibt. Und sehr geistreich führt er aus, wie in dem Zeitalter Newtons, wo alles voll war von den Gedanken über die Schwerkraft, man in die gesellschaftlichen Begriffe, ja, in die Staatsbegriffe nachwirken fühlte die Newtonschen Theorien, die in Wirklichkeit nur auf die Weltenkörper paßten. Die Gedanken über die Schwerkraft im besonderen fühlt man in allem nachwirken. Das ist wirklich sehr geistreich, denn man braucht nur nachzulesen den Newtonismus, und man wird sehen, daß überall Worte geprägt werden wie: Anziehen und Abstoßen und so weiter. Das hebt Wilson wirklich sehr geistvoll hervor. Er sagt, wie ungenügend es sei, rein mechanische Begriffe anzuwenden auf das menschliche Leben, Begriffe von der Himmelsmechanik anzuwenden auf die menschlichen Verhältnisse, indem er zeigt, wie das menschliche Leben damals geradezu wie eingebettet war in diese Begriffe, wie diese Begriffe überall auf das staatliche und soziale Leben Einfluß gehabt haben. Es rügt Wilson mit Recht diese Anwendung rein mechanischer Gesetze in dem Zeitalter, in dem sozusagen der Newtonismus das ganze Denken unter sein Joch gespannt hat. Man muß anders denken, sagt Wilson, und konstruiert jetzt seinen Staatsbegriff. Und zwar so, daß nun überall, nachdem er dies von dem Zeitalter des Newtonismus nachgewiesen hat, bei ihm der Darwinismus herausguckt. Ja, er ist so naiv, das sogar zu gestehen. Er ist so naiv zu sagen: Die Newtonschen Begriffe haben nicht ausgereicht, man muß die darwinistischen Gesetze des Organismus anwenden. Da haben wir ein lebendiges Beispiel, wie man mit halber Logik heute durch die Welt schreitet. Die Gesetze reichen eben nicht mehr aus, die rein aus dem Organismus entspringen. Man braucht seelische und geistige Gesetze heute.

Es ist ja so, daß man begreifen kann, wie sich von allen Seiten Widersprüche auftürmen gegen die anthroposophische Weltanschauung, weil diese eben ein durchdringendes Denken, eine überall eindringende Logik braucht. Das ist aber eben auch das Gute der anthroposophischen Weltanschauung, daß sie ihre Anhänger zwingt, ordentlich zu denken. So müssen wir die Entwickelung im geistigen Sinne denken, und nicht in dem darwinistischen Sinne Wilsons. Es muß uns klar sein, daß dasjenige, was jetzt das wesentliche Charakteristikon des Menschen ausmacht, das Selbstbewußtsein, das Stehen auf dem Ich, sich auch erst nach und nach entwickelt hat. Nun mußte das aber ebenso vorbereitet werden, wie unser spirituelles Denken vorbereitet worden ist in den letzten vier Jahrhunderten. Es mußten geistige Kräfte aus den übersinnlichen Welten heraus arbeiten, um auszubilden, was später im Selbstbewußtsein des Menschen zum Ausdruck gekommen ist. Wir können sprechen von einem Einschnitt in der menschlichen Entwickelung, einem vorhergehenden und einem nachherfolgenden Zeitalter. Das nachfolgende sei dasjenige, in dem langsam und allmählich das Selbstbewußtsein im Menschen auftritt. Wir wollen es nennen das Zeitalter des Selbstbewußtseins.

Dem aber geht voran in zyklischer Abwechslung ein Zeitalter, in dem erst das Organ des Selbstbewußtseins aus übersinnlichen Kräften in den Menschen hineingebaut worden ist. Es geht voran das Zeitalter, in dem Geistesmächte den Menschen organisch vorbereiteten, das Selbstbewußtsein zu haben. Das heißt, dasjenige, was im Selbstbewußtsein seelisch arbeitet, das arbeitete in jenem vorhergehenden Zeitalter unsichtbar und unerkennbar im Inneren der Menschennatur. Der Einschnitt, der Verbindungspunkt dieser beiden großen Zeitalter, ist ein wichtiger Einschnitt in der menschlichen Entwickelung. Vor der Epoche, die diesem Einschnitt folgt, war das Selbstbewußtsein bei den meisten Menschen überhaupt nicht vorhanden, bei den fortgeschrittenen Menschen verhältnismäßig schwach. Damals dachten die Menschen nicht so wie heute, daß sie bei einem Gedanken wußten: Ich denke diesen Gedanken. – Sondern die Gedanken traten auf wie lebendige Träume. Auch die Willensimpulse und die Gefühle traten nicht so ins Bewußtsein wie heute, sondern es trat im Menschen etwas auf, was wie instinktiv im Menschen lebte. Selbstbewußtsein durchdrang noch nicht das Seelenleben. Aber es arbeiteten an der menschlichen Organisation, an der menschlichen Natur vom Geiste aus diejenigen Wesenheiten, die den Menschen vorbereiteten, später fähig zu sein, das Selbstbewußtsein von sich aus zu haben. Ganz anders mußten die Menschen sich verhalten vor der Epoche des Selbstbewußtseins als in der Epoche des Selbstbewußtseins, wie auch das äußere Erfahren sich ganz verschieden darstellt vom 15. bis zum 20. Jahrhundert nach Christus, als es später sein wird.

Wie wir alle westländischen Kulturen so verlaufen sehen, daß die äußeren Gesetze der materiellen Wirkungsart gefunden und praktisch angewendet werden, und wie dann hinzutreten wird spirituelles Wissen, spirituelles Verständnis, so war bis zu dem Zeitalter, in dem das Selbstbewußtsein eintrat in die Seele, alles, was vorbereiten konnte dieses Selbstbewußtsein, in das menschliche Leben eingeflossen. Da waren die Menschen eingeteilt in strenge Kasten in der Gegend, in welcher das Selbstbewußtsein zunächst auftreten sollte. Und die Menschen achteten diese Kasten. Derjenige, der in einer niedrigen Kaste geboren war, empfand es als höchstes Ziel, in dieser Kaste sich so zu verhalten, daß er in späteren Verkörperungen hinauf sich zu heben vermöchte. Ein mächtiger Ansporn der menschlichen Seelenentwickelung war diese Kasteneinteilung. Denn die Menschen wußten, daß sie durch Entwickelung der inneren Seelenkräfte sich geeignet machten, in einer nächsten Verkörperung in eine höhere Kaste aufzusteigen. Und zu den Ahnen schaute man auf und sah in ihnen dasjenige, was nicht an einen physischen Leib gebunden ist. Ehrwürdig waren den Menschen die Ahnen, weil sie schon gestorben waren, und übriggeblieben war das Manenhafte, das Geistige, das geistig nach dem Tode von der höheren Welt aus wirkte. Das war eine gute Vorbereitung auf das große Ziel in der menschlichen Natur, dasjenige zu sehen im Ahnenkult, was jetzt schon in uns lebt, und nicht an den physischen Leib gebunden ist, die selbstbewußte Seele, die mit dem Tode durch die Pforte des Todes in die geistigen Welten geht. So, wie durch vier Jahrhunderte die beste Erziehung zur Spiritualität jene Erziehung war, welche die Menschen zum naturwissenschaftlichen Denken gezwungen hat, so war es die beste Erziehung damals, eine hohe Achtung den Menschen einzuflößen für die Kaste und für die Vorfahren. Das war eine wunderbare Vorbereitung für die Entwickelung des Selbstbewußtseins. Der Mensch stand in seiner Kaste darin und entwickelte einen ganz besonderen Hang zur Kasteneinteilung. Gerade an der Pietät gegenüber der Kaste und gegenüber den Ahnen hatte der Mensch etwas, was ungeheuer hineinwirkte in sein Leben. Kasteneinteilung und Ahnenverehrung wirkten tief ein auf das menschliche Leben. Da arbeiteten geistige Wesenheiten hinein in dieses äußere menschliche Leben, wie es in den Kasten und in der Verehrung der Ahnen verlief. Das war dasjenige, was vorbereitete die Möglichkeit, daß der Mensch in Zukunft bei jedem Gedanken sagen konnte: Ich denke; bei jedem Gefühl: Ich fühle; und bei jedem Willensimpuls: Ich will. – Das Selbstbewußtsein wurde vorbereitet in der vorhergehenden Epoche, in welcher eben das Selbstbewußtsein nicht da war, aber von Göttern aus der menschlichen Natur herausgearbeitet worden ist.

Nehmen wir nun an: Gegen das Ende dieses Zeitraumes tritt bei einem Menschen wie durch einen mächtigen Schock eine augenblickliche Einstellung alles dessen ein, was ihn bindet an die Kräfte, die eben geschildert worden sind, an die Kräfte der vorhergehenden Epoche. Dann war es bei ihm so, wie es sonst für uns im Schlafe ist, wenn wir für einen Moment die Kräfte des Aufbauens herausziehen und hellsichtig werden, oder wie es ja auch bei dem Menschen des 18. Jahrhunderts war, wenn er aufhalten konnte die Kräfte, die damals wirkten an der Gehirnstruktur. So konnte damals ein Mensch, wenn er einen Moment sein Verständnis gegenüber der Ahnenverehrung, gegenüber den Opferfeuern zurückzog, er konnte, indem er einen Schock empfand, dann die Kräfte, die er sonst für dieses Verständnis verwendete, für einen Augenblick dazu verwenden, einen Blick hineinzutun in die übersinnlichen Welten, konnte sehen, wie aus der geistigen Welt heraus gearbeitet wurde an der Vorbereitung des Selbstbewußtseins des Menschen. Das tat Arjuna in dem Augenblick, da er eben im Kampf den Schock bekam. Da standen still die Kräfte in ihm, die sonst aufbauende Kräfte waren, da konnte er einen Blick tun auf die göttliche Wesenheit, welche die Kräfte des Selbstbewußtseins vorbereitete, und diese Gottheit war eben Krishna. Was ist uns dadurch Krishna? Krishna ist diejenige Wesenheit in der Menschheitsevolution, die spirituell vorbereitend gearbeitet hat durch Jahrhunderte und aber Jahrhunderte hindurch an der Organisation der Menschennatur, die den Menschen fähig machte, vom 7., 8. Jahrhunderte vor Begründung des Christentums an, allmählich in das Zeitalter des Selbstbewußtseins einzutreten. Wie erscheint da Krishna, der Baumeister der menschlichen Egoität, der Baumeister des menschlichen Selbstbewußtseins? Sprechen muß er vor Arjuna in Worten, die ganz durchtränkt und durchdrungen sind von Selbstbewußtsein. So verstehen wir Krishna von einer anderen Seite her als den göttlichen Baumeister an demjenigen, was das Selbstbewußtsein im Menschen vorbereitet und es herbeigeführt hat. Und wie ein Mensch unter besonderen Verhältnissen dieses Baumeisters ansichtig werden konnte, das stellt uns eben die Bhagavad Gita dar. Das ist eine Seite der Krishna-Natur. Eine andere Seite der Krishna-Natur werden wir dann in den nächsten Vorträgen noch kennenlernen.

SECHSTER VORTRAG

Helsingfors, 2. Juni 1913

Es ist im Grunde genommen außerordentlich schwierig, innerhalb der abendländischen Kultur über eine solche Erscheinung zu sprechen, wie sie die Bhagavad Gita ist. Es ist aus dem Grunde schwierig, weil in unserer Gegenwart in weitesten Kreisen noch etwas herrscht, was ein grundgesundes Urteil auf diesem Gebiete außerordentlich erschwert. Es herrscht innerhalb der abendländischen Kultur die Sehnsucht, alles dasjenige, was an die menschliche Seele herandringt wie die Bhagavad Gita, aufzufassen im Sinne einer Lehre, einer Art Philosophie. Man geht gern an solche Schöpfungen des Menschengeistes vor allen Dingen vom ideellen, vielleicht sogar vom begriffsmäßigen Standpunkte heran.

Es wird damit etwas berührt, was in unserer heutigen Zeit überhaupt schwierig macht, die großen historischen Impulse in der Entwickelungsgeschichte der Menschheit richtig zu beurteilen. Wie oft wird zum Beispiel heute darauf hingewiesen, daß man in den Evangelien als die Lehren des Christus etwa dies oder jenes finde, und dann wird gezeigt, daß diese Tiefen der Lehren des Christus Jesus sich auch schon früher finden da oder dort. Dann wird gesagt: Seht ihr, das ist doch dasselbe! – Es ist nicht einmal unrichtig, daß es dasselbe ist, denn man kann in unzähligen Fällen nachweisen, daß die Lehren der Evangelien sich in früheren menschlichen Geisteswerken finden; und man kann nicht sagen, daß, wenn jemand die Behauptung aufstellt, es finde sich diese oder jene Lehre da oder dort, er irgend etwas Unrichtiges behaupte.

Und dennoch: Obwohl das, was so gesagt wird, nicht unrichtig ist, ist es gegenüber einer wirklich eindringenden Betrachtung der menschlichen Evolution ein Unsinn. Und es wird sich das menschliche Geistesleben erst daran gewöhnen müssen, zu erkennen, daß etwas ganz richtig und doch ein Unsinn sein kann. Erst wenn man diesen Satz nicht mehr als einen Widerspruch ansehen wird, wird man gewisse Dinge unbefangen beurteilen können. Man wird es unbefangen beurteilen können, wenn jemand sagt, er sehe in der Bhagavad Gita in einer gewissen Beziehung eine der allergrößten Schöpfungen des menschlichen Geistes innerhalb der Erdenevolution, er sehe in der Bhagavad Gita in einer gewissen Beziehung eine Schöpfung des Menschengeistes, die später überhaupt nicht mehr überholt worden ist. Und wenn dieses jemand sagt und daneben sagt, trotzdem stelle dasjenige, was mit der christlichen Verkündigung, mit der Verkündigung des Christus-Impulses in die Welt getreten ist, etwas durchaus anderes dar, etwas, was von der Bhagavad Gita, wenn man ihre Schönheit, ihre Größe noch ins hundertfältige erhöht denken könnte, nicht erreicht werden könnte, so ist das kein Widerspruch. Wenn jemand auf der einen Seite das eine sagt und auf der anderen Seite dieses letztere, so kann das vom heutigen abstrakten Denken als Widerspruch empfunden werden, und dennoch ist es keineswegs ein Widerspruch.

Ja, man kann noch weiter gehen. Man kann einmal fragen: Wann ist das Größte ausgesprochen worden, was gelten kann als Impuls für das menschliche Selbst, für das menschliche Ich, um dieses menschliche Ich innerhalb der Menschheitsevolution in die Welt hineinzustellen? Was ist das Bedeutsamste an Kraft? Wann ist das Gewaltigste geschehen für dieses menschliche Ich? – Das ist damals geschehen, als Krishna zu Arjuna gesprochen hat, als die gewaltigsten, bedeutsamsten, einschneidendsten und feurigsten Worte an das Ohr Arjunas drangen, um das menschliche Ich, das Selbstbewußtsein zu beleben. Im ganzen Umfange der Welt kann nichts gefunden werden, was kraftvoller für das menschliche Ich an Anfeuerung war als dasjenige, was an lebendigster Kraft in den Worten des Krishna an Arjuna zu finden ist.

Allerdings müssen diese Worte nicht so genommen werden, wie man sie oftmals im Abendlande nimmt, wo man den größten und schönsten Worten eine Art bloßer abstrakter philosophischer Bedeutung gibt. Mit solcher Bedeutung trifft man das Wesentlichste der Bhagavad Gita überhaupt nicht. Daher haben abendländische Gelehrte diese Bhagavad Gita so furchtbar mißhandelt, malträtiert gerade in unserer Zeit. Hat man doch sogar einen Streit inszenieren können, ob in der Bhagavad Gita mehr die Sankhyaphilosophie oder irgendeine andere Ideenrichtung zur Geltung komme! Ja, es hat sich sogar ein sehr bedeutender Gelehrter gefunden, der in seiner Ausgabe der Bhagavad Gita gewisse Verse klein gedruckt hat, weil er der Ansicht ist, daß man diese geradezu herauskorrigieren müßte, da sie durch ein Versehen hineingekommen sein müßten. Er glaubt, daß nur das in die Bhagavad Gita gehöre, was entspricht der Sankhya- oder höchstens der Yogaphilosophie. Man darf aber sagen, daß von der Art, wie man heute von Philosophie spricht, überhaupt keine Philosophie in der Bhagavad Gita zu suchen ist. Man könnte höchstens sagen: Es haben sich im alten Indien aus gewissen Grundstimmungen der menschlichen Seele heraus philosophische Richtungen herausgebildet. Aber diese haben wahrlich mit der Bhagavad Gita jedenfalls nicht das zu tun, daß man sie als eine Interpretation, als einen Kommentar der Bhagavad Gita ansehen darf.

Man tut dem morgenländischen Geistesleben überhaupt unrecht, wenn man es zusammenbringt mit demjenigen, was das Abendland als Philosophie kennt. Denn in diesem Sinne, wie das Abendland die Philosophie hat, gab es im Morgenlande eine Philosophie gar nicht. In dieser Beziehung wird der Geist der Zeit, der jetzt eigentlich erst im Anfang steht – wir haben gestern schon von einem Verhältnis gesprochen, das sozusagen die Menschenseelen noch zu lernen haben –, der Geist der Zeit wird noch mißverstanden. Vor allen Dingen müssen wir festhalten können an jener Anschauung, die wenigstens aus dem gestrigen Vortrage zu gewinnen möglich war, welche uns gezeigt hat, wie die menschliche Seele unter gewissen Voraussetzungen ganz real, der Tatsache nach, gegenübertreten kann jener Wesenheit, die wir gestern von einer Seite aus zu charakterisieren versuchten als den Krishna. Weit wichtiger ist es, daß man weiß: Unter gewissen Voraussetzungen tritt die Arjunaseele demjenigen Geiste gegenüber, der vorbereitet hat das Zeitalter des Selbstbewußtseins. Es steht die Arjunaseele diesem Geiste gegenüber, der mit dieser gewaltigen Schöpferkraft in der Welt wirkt. – Das ist viel wichtiger als aller Streit, ob Sankhya- oder Vedenphilosophie in der Bhagavad Gita zu finden ist. Daß lebendige Wesenheiten sich uns gegenüberstellen, die reale Schilderung der Weltenverhältnisse und des Zeitkolorits, das ist dasjenige, worauf es ankommt. Und diese zu charakterisieren, haben wir versucht, indem wir auf der einen Seite uns zu zeigen bemühten, welchem Zeitalter ein solches Denken und Fühlen, wie es Arjuna besitzt, angehören kann; auf der anderen Seite, indem wir zu verstehen versuchten das Zeitalter des Selbstbewußtseins selber; und fernerhin auch indem wir zeigen konnten, welcher schöpferische vorbereitende Geist der Arjunaseele hat erscheinen können. Nun handelt es sich vor allen Dingen darum, daß wenn wir also in lebendiger Weise Wesen dem Wesen gegenüberstellen, wir mehr brauchen als eine bloß einseitige Charakteristik. Wir brauchen zunächst eine gewisse Allseitigkeit, damit wir diese Wesenheit noch genauer kennenlernen können. Diese Allseitigkeit wird sich uns durch die folgenden Betrachtungen bieten können.

Wenn wir mit unserer Seele wirklich in diejenigen Regionen heraufdringen, in denen man eine solche Gestalt wahrnehmen kann, wie sie der Krishna ist, dann muß diese unsere Seele so weit sein, daß sie zunächst wirkliche Wahrnehmungen, wirkliche Erlebnisse in übersinnlichen Welten haben kann. Scheinbar sage ich damit etwas ganz Selbstverständliches. Und doch angesichts dessen, was die Menschen meistens von den höheren Welten erwarten, ist die Sache durchaus nicht so selbstverständlich. Ich habe immer wieder darauf aufmerksam gemacht, daß Mißverständnis über Mißverständnis dadurch entsteht, daß der Mensch mit einer ganzen Summe von Vorurteilen in die übersinnlichen Welten sich hinaufleben will: Er will zwar in das Übersinnliche geführt werden, aber zu etwas, was er von der Sinnenwelt her schon kennt. Er will Gestalten dort wahrnehmen, wenn auch nicht in derber Materie, so doch Gestalten, die ihm in einer Art Lichthülle entgegentreten; er findet, daß er Töne hören müsse, ähnlich den Tönen der physischen Welt. Er begreift gar nicht, daß er, wenn er so etwas erwartet, mit Vorurteilen in die übersinnlichen Welten hinaufsteigt: denn er will ja die übersinnliche Welt so haben, daß sie, wenn auch verfeinert, im Grunde doch so ist wie die Sinnenwelt. Licht und Farbe oder wenigstens Farbe und Helligkeit, daran ist der Mensch gewöhnt in der Sinnenwelt. So meint er, er komme eigentlich nur zu wirklichen Realitäten in den übersinnlichen Welten, wenn ihm die Wesenheiten der höheren Welt auch so entgegentreten. Nun sollte man das eigentlich gar nicht zu sagen brauchen, denn es sind doch die Wesen der übersinnlichen Welten nun einmal über alles Sinnliche erhaben, sie stellen sich nun einmal nicht in ihrer wahren Gestalt dar in sinnlichen Eigenschaften, denn sinnliche Eigenschaften setzen Auge, Ohr, Sinnesorgane überhaupt voraus. In den höheren Welten wird aber doch nicht mit Sinnesorganen wahrgenommen, sondern mit Seelenorganen. Aber dann kann etwas eintreten, das so ist, daß ich es eigentlich nur in einer sehr trivialen Weise, möchte ich sagen, interpretieren, auslegen kann. Nehmen wir einmal an, ich beschreibe Ihnen irgend etwas zunächst mit Worten, und dann habe ich noch das Bedürfnis, was ich Ihnen beschrieben habe, mit einigen Strichen auf die Tafel zu zeichnen. Dadurch versinnliche ich das, was ich mit Worten ausgesprochen habe. Niemandem wird es einfallen, die Zeichnung für die entsprechende Realität zu halten. Denn nehmen wir an, ich wollte Ihnen einen Berg beschreiben. Ich beschreibe Ihnen diesen Berg nun so, daß ich sage: Es ist merkwürdig, daß es irgendwo einen Berg gibt, der dreifach gipfelt in die Lüfte hinauf. – Sie können sich ja nun eine Vorstellung machen dadurch, daß ich Ihnen das bloß sage, aber ich kann dennoch das Bedürfnis fühlen, Ihnen dasjenige, was ich sagte, auf die Tafel sinnfällig oder schematisch zu zeichnen. Da wird es doch niemandem einfallen zu sagen: Da haben wir doch das, was er beschrieben hat, da. – Das habe ich doch nur versinnlicht. So ist es auch, wenn man dasjenige, was als übersinnliches Erlebnis erfahren wird, ausdrückt, indem man ihm Gestalt, Farbe gibt und es in Worte prägt, die aus der Sinnenwelt genommen sind. Nur macht man das nicht mit dem gewöhnlichen Intellekt, sondern es macht ein höheres Empfinden unserer Seele diese ganze Prozedur. Es lebt sich zum Beispiel unsere Seele in unsichtbare Welten ein, sagen wir in die unsichtbare Welt der Krishna-Wesenheit. Dann fühlt sie das Bedürfnis, diese Krishna-Wesenheit vor sich hinzustellen. Was sie da vor sich hinstellt, ist aber gar nicht die Krishna-Wesenheit selber, sondern eine Zeichnung, eine übersinnliche Zeichnung. Imaginationen sind solche Zeichnungen, solche, man möchte sagen, übersinnliche Versinnlichungen. Und das Mißverständnis, das so häufig entsteht, ist, daß man dasjenige, was die höheren Seelenkräfte hinmalen, und was man auch mit Worten beschreiben kann, versinnlicht, wodurch es für das Wesen der Sache genommen wird. Das ist nicht das Wesen der Sache, sondern es muß durch dieses hindurch das Wesen der Sache zunächst erahnt und nach und nach erst erschaut werden.

Nun habe ich schon im zweiten Vortrage davon gesprochen, daß die Bhagavad Gita neben allen übrigen Eigenschaften auch noch diese hat, daß sie eine wunderbare, dramatische Komposition aufweist. Ich habe die dramatische Komposition der vier ersten Gesänge darzustellen versucht, aber diese dramatische Steigerung geht herauf, von Gesang zu Gesang, indem wir weiter kommen, weiter in die Gebiete des okkulten Anschauens hinein. Und es muß auch äußerlich ein gewisses gesundes Urteil über die künstlerische Komposition der Bhagavad Gita hervorrufen, wenn wir uns fragen: Ist vielleicht in der Bhagavad Gita auch ein Mittelpunkt vorhanden, ein Mittelpunkt der Steigerung? Die Bhagavad Gita hat achtzehn Gesänge, der neunte könnte also ein Mittelpunkt der Steigerung sein. Nun lesen wir im neunten Gesange, gerade also in der Mitte, die merkwürdigen Worte, die prägnant zum Ausdruck kommen: Und nun sage ich, nachdem ich dir alles mitgeteilt habe, nun sage ich hier das Geheimste für die menschliche Seele. – Fürwahr, in diesem Moment ein wunderbares Wort, das scheinbar abstrakt klingt, aber tief bedeutsam ist. Und dann das Geheimste: Verstehe! Ich bin in allen Wesen, sie aber sind nicht in mir. – Ja, so wie die Menschen einmal sind, so fragen die Menschen sehr häufig: Was sagt eine wahre Mystik, ein wahrer Okkultismus? – Die Menschen wollen absolute Wahrheiten haben, die gibt es aber nicht. Es gibt nur Wahrheiten, die aus irgendeiner Situation richtig sind, die unter irgendwelchen Umständen und Bedingungen wahr sind. Das müssen sie dann aber auch sein. Es kann nicht ein absolut richtiger Satz sein: Ich bin in allen Wesen, aber sie sind nicht in mir. – Aber es ist der Satz, der als die tiefste Krishna-Weisheit in dieser Situation, in der Krishna dem Arjuna damals gegenüberstand, gesagt wird, und er gilt – nicht abstrakt, sondern real gesprochen – von jenem Krishna, welcher der Schöpfer ist des menschlichen Innern, des menschlichen Selbstbewußtseins. Und in einer wunderbaren Steigerung werden wir bis in die Mitte der Bhagavad Gita geführt, an welcher Stelle diese Worte uns zuströmen. Im neunten Gesang werden sie zu Arjuna gesprochen, und im elften Gesang, bald danach, tritt noch etwas anderes ein.

Was können wir denn da erwarten, wenn wir die künstlerische Steigerung der Bhagavad Gita kennen und die okkulten Wahrheiten in ihr? Zunächst ist in Worten, die künstlerisch gesteigert sind, das Tiefste zu fühlen, das Tiefste zu ahnen. Arjuna ist von Krishna geführt worden bis zu einem bestimmten Punkt. Aber wenn man den neunten und zehnten Gesang nimmt, also gerade die Mitte der Bhagavad Gita, da bemerkt man etwas sehr Eigentümliches, nämlich eine gewisse Schwierigkeit, die Vorstellungen, die gegeben werden, sich wirklich vorzustellen, für die Seele aufzurufen. Versuchen Sie einmal, gerade diesen neunten oder zehnten Gesang auf Ihre Seele wirken zu lassen.

Wenn Sie von dem ersten Gesang herkommen, wird Ihre Seele gleichsam getragen von der fortwährenden künstlerischen Steigerung. Zunächst wird gesprochen von der Unsterblichkeit, dann wird Ihre Empfindung gesteigert durch die Vorstellungen, die durch Yoga erweckt werden, für den sich die Seele begeistert. Dann aber schwingt Ihre Seele gleichsam mit ihrem Fühlen in etwas, was ihr noch vertraut sein kann. Wir werden noch weiter geführt. Es wird in wunderbarer Steigerung hinzugenommen die Vorstellung von dem Erreger der Epoche des menschlichen Selbstbewußtseins. Da können wir entflammt werden für die Gestalt, die in die Menschheit das Selbstbewußtsein gebracht hat. Wir leben durchaus noch in konkreten, der Seele vertrauten Gefühlen und Empfindungen.

Dann geht die Steigerung noch weiter hinauf. Geschildert wird, wie die Seele immer freier und freier werden kann von dem äußeren Leiblichen, geschildert wird eine Anschauung, dem Inder sehr vertraut, daß die Seele sich in sich zurückziehen kann, die Taten wie ungeschehen lassen kann, die der Leib erlebt, daß die Seele in sich geschlossen werden kann und allmählich sich Yoga erwirbt, allmählich zu dem Einssein mit dem Brahman kommt. Da sehen wir in den folgenden Gesängen die Bestimmtheit der Empfindung, jenes Fühlen, das noch vom alltäglichen Leben Nahrung bekommen kann, allmählich schwinden.

Und in sozusagen schwindelnde Höhen unbestimmter Erlebnisse steigt die Seele hinauf, indem es gegen den neunten Gesang zu geht. Und wenn man jetzt dem neunten und zehnten Gesang gegenüber auskommen will mit Vorstellungen, die herangezogen sind am gewöhnlichen Leben, dann kommt man eben nicht aus. Es ist tatsächlich so, wenn man an den neunten, zehnten Gesang kommt, daß man fühlt: Da stehe ich wie auf einem Gipfel einer Menschheitsleistung, die aus dem Okkulten herausgeboren ist, wofür zu Hilfe genommen werden muß dasjenige, was die sich entwickelnde Seele selber erst leisten muß, wenn Verständnis da sein soll.

Es ist sehr merkwürdig, wie fein in dieser Beziehung die Bhagavad Gita komponiert ist. Wir können bis zum fünften, sechsten, siebenten Gesang kommen, wenn wir die Begriffe ausbilden, die wir schon im ersten Gesang empfangen. Im zweiten Gesang wird in der Menschenseele das Verständnis aufgerufen für das Ewige im Wechsel der Erscheinungen. Dann wird bald angereiht dasjenige, was in die Tiefen des Yoga sich verliert. Das trifft man vom dritten Gesang an. Dann aber mischt sich eine ganz neue Stimmung hinein in die Bhagavad Gita. Während wir in den ersten Gesängen immer verstandesmäßige Stimmung haben, etwas, das uns manchmal an die abendländischen philosophischen Stimmungen erinnert, setzt jetzt etwas ein, wozu, wenn wir es verstehen wollen, Andacht, Yogaverständnis gebraucht wird. Andächtige Stimmung brauchen wir. Wenn wir diese andächtige Stimmung immer mehr und mehr zum Erhabenen hinaufläutern, immer andächtiger und andächtiger in der Seele werden, dann trägt uns nicht mehr dasjenige, was in den ersten Gesängen Yoga wird – das bricht ab –, dann trägt uns eine ganz besondere Stimmung in den neunten, zehnten Gesang hinauf. Denn die Worte, die da an unser Ohr tönen, bleiben uns ein trockenes, leeres Schellengeläute, wenn wir ihnen mit dem Verstande nahen. Wärme geben sie, Wärme strahlen sie aus, wenn wir ihnen mit Andacht nahen. Derjenige, der die Bhagavad Gita verstehen will, der mag von Verstand und Vernunft seinen Ausgangspunkt nehmen und die ersten Gesänge verfolgen, aber aufleben muß im weiteren Verlauf in seinem Gemüt andächtige Stimmung, wenn er hinaufkommt bis zum neunten Gesang, wo wie ein wunderbarer Klang die Worte des erhabenen Krishna in seiner Seele wiederklingen. Wer an den neunten Gesang herantritt, der mag dann empfinden ein Gefühl der Andacht, wie wenn er sich die Schuhe ausziehen müsse, bevor er dieses Heiligtum betritt, denn er fühlt, er betritt heiligen Boden, auf dem er wandeln soll in andächtiger Stimmung. Und dann kommt der elfte Gesang. Was kann nun folgen, wenn wir sozusagen die Kulmination der andächtigen Stimmung erreicht haben? Was wird das nächste sein?

Wenn der Mensch hinaufgestiegen ist bis zu dem Gipfel, auf den Krishna den Arjuna geführt hat, den man entweder nur im okkulten Schauen oder in ehrfürchtig andächtiger Stimmung erreichen kann, dann kann nun eintreten das heilige Gestaltenlose, das Übersinnliche. Das Übersinnliche kann in die Imagination ergossen werden. Dann kann die gesteigerte erhöhte Seelenkraft, die nicht mehr der Vernunft angehört, sondern der imaginativen Erkenntnis, die Bilder entwerfen desjenigen, was eigentlich gestaltenlos, bildlos in seiner Wesenheit ist. Und das geschieht in der Bhagavad Gita, nachdem wir hinaufgeführt sind bis zu jenem heiligen Boden, vor welchem wir die Schuhe ausziehen: das geschieht gleich im Anfange der zweiten Hälfte des heiligen Sanges, etwa im elften Gesang. Da wird, nachdem es entsprechend eingeleitet und vorbereitet ist, die Krishna-Weisheit, zu der Arjuna von Stufe zu Stufe hingeführt worden ist, in Imaginationen vor seine Seele gezaubert. Und die Größe der Darstellung in diesem morgenländischen Gedicht tritt uns eigentlich da ganz besonders entgegen, wo Krishna, nachdem in seine Nähe Arjuna gebracht worden ist, im Bilde, in der Imagination auftritt. Man darf wohl sagen: Erlebnisse solcher Art, Erlebnisse, die so von einer innersten Kraft der menschlichen Seele erlebt werden müssen, sind eigentlich in einer so bedeutsamen Schilderungsweise kaum sonst noch gegeben worden. Und für denjenigen, der empfinden kann, wird die Imagination, die nun Arjuna von Krishna beschrieben, immer tief und bedeutungsvoll sein. Das ist das Wunderbare in der Komposition der Bhagavad Gita, daß wir sozusagen durch Krishna wie durch ein inspirierendes Wesen hinaufgeführt werden bis zum zehnten Gesang, und daß da die Schauensseligkeit des Arjuna nun in Aktion tritt. Da wird Arjuna zum Beschreiber. Und er beschreibt seine Imagination so, daß man sich scheut, nachzubilden, was da gesagt ist.

«Die Götter schau ich all in deinem Leib, o Gott; so auch die Scharen aller Wesen: Brahman, den Herrn, auf seinem Lotussitz, die Rishis alle und die Himmelsschlangen. Mit vielen Armen, Leibern, Mündern, Augen seh' ich dich allüberall, endlos gestaltet. Nicht Ende, nicht Mitte und auch Anfang nicht seh' ich an dir, o Herr des Alls. Du, der du in allen Formen mir erscheinst, der du mir erscheinst mit Diadem, mit Keule und mit Schwert, ein Berg in Flammen, nach allen Seiten strahlend: so seh' ich dich. Geblendet wird mein Schauen, wie strahlend Feuer in der Sonne Glanz und unermeßlich groß. Das Unvergängliche, das höchste zu Erkennende, das größte Gut, so erscheinst du mir, im weiten All. Des ewigen Rechtes ewiger Wächter, das bist du. Als ewiger Urgeist stehst du vor meiner Seele. Nicht Anfang, nicht Mitte, nicht Ende zeigst du mir. Unendlich bist du überall, unendlich an Kraft, unendlich an Raumesweiten. Wie der Mond, ja wie die Sonne selbst groß sind deine Augen, und aus deinem Munde strahlt es wie von Opferfeuer. Ich schaue dich an in deiner Glut, wie deine Glut das All erwärmt; was ich ahnen kann zwischen dem Erdboden und den Himmelsweiten, deine Kraft erfüllt dies alles mit dir allein. Und jede Himmelswelt, alle die drei Welten beben, wenn deine wundersame Schauergestalt sich ihrem Blicke zeigt. Ich schau', wie ganze Scharen von Göttern zu dir treten, die dir lobsingen, und furchtsam steh' ich da vor dir, die Hände faltend. Heil ruft vor dir aller Seher Schar und aller Seligen Schar. Sie preisen dich mit all ihrem Lobgesang. Es preisen dich die Adityas, Rudras, Vasus, Sadhyas, Vishvas, Ashvin, Maruts und Manen, Gandharvas, Yakshas, Siddhas, Asuras, und alle Seligen, die schauen empor zu dir voll Staunen: ein Leib, so riesenhaft, mit vielen Mündern, vielen Armen, vielen Beinen, vielen Füßen, vielen Leibern, vielen Rachen voller Zähne. Vor all dem erbebt die Welt und ich auch bebe. Den Himmelerschütternden, Strahligen, Vielarmigen, mit offenem Mund, mit großen Flammenaugen. Schau' ich dich so, dann zittert meine Seele. Nicht finde ich Festigkeit, nicht Ruhe, o großer Krishna, der mir Vishnu selber ist. Ich schaue wie in dein dräuendes Inneres, ich schau' es, wie es ist dem Feuer gleich, so wie es wirken wird, einst am Ende aller Zeiten. Ich schau' dich in einer Art, wie ich nicht wissen kann von irgend etwas. Oh, sei mir gnädig, Herr der Götter, der Welten wohnlich Haus.»

Das ist die Imagination, so wie Arjuna sie schaut, nachdem seine Seele eben bis zu jener Höhe hinaufgehoben worden ist, auf der eine Imagination von Krishna möglich ist. Und dann hören wir dasjenige, was Krishna ist, wiederum wie eine mächtige Inspiration an Arjuna heranklingen. Hören wir sie uns an. Sie ist wahrhaftig so, wie wenn sie nicht bloß an das seelisch-geistige Ohr des Arjuna klänge, sondern hinklänge über all die folgenden Zeiten des folgenden Weltenalters. Wir ahnen jetzt mehr an dieser Stelle, wir ahnen, was es eigentlich heißt: einem Zeitalter, einem Weltenalter wird ein neuer Impuls gegeben, und der Schöpfer dieses Impulses erscheint vor dem hellsehenden Auge des Arjuna. Wir empfinden mit Arjuna selber. Wir erinnern uns, daß Arjuna mitten im Kampfgewühl steht, wo Bruderblut mit Bruderblut kämpfen soll. Wir wissen, daß dasjenige, was Krishna zu geben hat, vor allem darauf beruht, daß diese Epoche des Hellsehens mit all dem Heiligen, das in ihr war, aufhörte, und daß eine neue Epoche beginnen sollte. Und wenn wir den Impuls bedenken der neuen Epoche, die mit dem Brudermord beginnen sollte, wenn wir in richtiger Weise den Impuls verstehen, der hineindrang in all die wankenden Begriffe und Einrichtungen der vorhergehenden Epoche, dann fassen wir dasjenige, was Krishna in Arjuna erklingen läßt, richtig auf.

«Ich bin die Urzeit, die alle Welt vernichtet. Erschienen bin ich, Menschen fortzuraffen. Und ob du auch ihnen im Kampfe den Tod bringen wirst, auch ohne dich sind dem Tode verfallen all die Kämpfer, die dort in Reihen stehen. Erhebe dich furchtlos. Ruhm sollst du erwerben, den Feind besiegen. Frohlocke ob des winkenden Sieges und der Herrschaft. Nicht du wirst sie getötet haben, wenn sie hinfallen im Schlachtentod. Durch mich sind sie alle schon getötet, bevor du ihnen den Tod bringen kannst. Du sei nur Werkzeug, du sei nur Kämpfer mit der Hand! Den Drona, den Jayadratha, den Bhishma, den Karna und die anderen Kampfeshelden, die ich getötet, die tot schon sind, nun töte du sie, daß mein Wirken im Schein nach außen sich entlade. Wenn sie tot hinfallen in Maya, von mir getötet, töte du sie. Und das, was ich getan, wird scheinbar durch dich geschehen sein. Zittre nicht! Du vermagst nichts zu tun, was ich nicht schon getan. Kämpfe! Sie werden fallen durch dein Schwert, die ich getötet habe.»

Nicht um an die Menschheit heranzubringen diejenige Stimme, die sprechen soll vom Töten, werden diese Worte gesagt, sondern um an die Menschheit heranzubringen die Stimme, die davon spricht, daß es in der menschlichen Wesenheit ein Zentrum gibt, welches herauszukommen hat in jenem dem Krishna folgenden Zeitalter, und daß in dieses Zentrum hereindringen die Impulse, die zunächst für den Menschen die höchsten erreichbaren sind, daß es nichts gibt in der Menschheitsevolution, was nicht mit etwas zusammenhängt, mit dem das menschliche Ich auch zusammenhängt. So erst wird uns die Bhagavad Gita etwas, das uns unmittelbar hinaufhebt, erhebt zu dem Horizont der ganzen Menschheitsevolution. Und es hat derjenige, der diese wechselnden Stimmungen aus der Bhagavad Gita auf sich wirken läßt, viel mehr als derjenige, der etwa schulmeisterliche Lehren über Sankhya oder Yoga sich von der Bhagavad Gita erteilen lassen will. Wenn man zu gehen vermag bis zum neunten, zehnten Gesang, wenn man eine Ahnung bekommt von den schwindelnden Höhen, zu denen der Yoga führt, dann wird man beginnen, den Sinn und Geist einer solchen Imagination zu fassen, wie sie in jener gewaltigen Schauung des Arjuna uns entgegentritt, die schon als Versinnlichung so groß und gewaltig ist, daß wir eine hinlänglich hohe, ahnende Erkenntnis gewinnen können von der Macht und Erhabenheit des Schöpfergeistes, der mit Krishna in die Welt eingegriffen hat. Was zum einzelnen Menschen als Höchstes sprechen kann, das spricht in Krishna zu Arjuna. Und wozu sich der einzelne Mensch aufschwingen kann, wenn er die Kräfte, die in seinem Inneren vorhanden sind, zu einem Höchsten erhebt, dem Höchsten, wozu sich die einzelne Menschenseele erziehen kann, wenn sie im besten Sinne an sich arbeitet: das ist der Krishna.

Wenn wir die Menschheitsevolution über die Erde hin denkend verfolgen, zeigt sich uns klar aus der allgemeinen Evolutionsweltanschauung, etwa wie sie in der «Geheimwissenschaft» versucht wurde, daß in diesem Sinne die Erde überhaupt der Schauplatz ist, auf welchem der Mensch zum Ich gebracht worden ist, indem alle möglichen Stadien von Epoche zu Epoche sich gestalteten, aufeinanderfolgten. Wenn man so die Evolution verfolgt von Zeitalter zu Zeitalter, dann sagt man sich: Da sind sie nun hinverpflanzt worden auf die Erde, diese Menschenseelen: das Höchste, was sie erringen sollen, das ist, freie Seelen zu werden. Freie Seelen werden die Menschen, wenn sie alle Kräfte, die nur in der Menschenseele als einzelne Seele erreicht werden können, zur Entfaltung bringen. Aber damit sie das können, wirkte der Krishna zuerst andeutend, dann immer mehr und mehr, und dann direkt in derjenigen Epoche der Menschheitsevolution, die der Selbstbewußtseinsepoche vorangegangen ist.

Innerhalb der Erdenevolution gibt es kein einziges Wesen, das der einzelnen Menschenseele soviel geben konnte wie der Krishna. Aber eben der einzelnen menschlichen Seele. Jetzt sage ich in aller Gelassenheit ein Wort, in aller Gelassenheit, wenn ich es gegenübersetze all der Schilderung, die ich vom Krishna zu geben versuchte: Außer der einzelnen Menschenseele gibt es auf der Erde die Menschheit. Auf der Erde gibt es außer der einzelnen Menschenseele auch eben alle diejenigen Angelegenheiten, die nicht einer einzelnen Menschenseele angehören. Man kann sich vorstellen, daß eine Menschenseele in sich den Impuls fühlt: Ich will so weit kommen mit meiner Vervollkommnung, als eine Menschenseele nur kommen kann. – Dieses Streben könnte bestehen. Dann würde sich die einzelne Menschenseele, eine jede in ihrer Isoliertheit, zunächst undefinierbar weit entwickeln. Aber es gibt eine Menschheit. Es gibt Angelegenheiten für den Erdenplaneten, durch welche dieser Erdenplanet zusammenhängt mit der gesamten Welt. Nehmen wir an, es wäre an die einzelne Menschenseele herangekommen der Krishna-Impuls. Was wäre also geschehen? Es wäre ja nicht dazumal, vielleicht auch nicht bis heute, aber im Laufe der Erdenevolution geschehen, daß jede einzelne Seele in sich einen höheren Impuls entwickelt hätte, so daß der Strom der Menschheitsevolution, der gemeinsamen Entwickelung sich geteilt hätte vom Zeitalter des Selbstbewußtseins an. Es wäre geschehen, daß die einzelnen menschlichen Seelen vorgerückt wären zu höchst Entfaltung, aber auch in Trennung, Zerstiebung. Die Wege der Menschenseelen wären immer weiter und weiter auseinandergegangen, indem in jeder einzelnen der Krishna-Impuls lebendig gewirkt hätte. Jene Erhöhung des Menschendaseins wäre geschehen, daß aus dem gemeinsamen Strome sich die einzelnen Seelen herausindividualisiert hätten, die Selbstheit zu höchster Entfaltung gebracht hätten. Man möchte sagen: Wie ein einzelner Stern hätte in vielen, vielen Strahlen hineingeleuchtet in die Zukunft die alte Zeit. Die alte Zeit hätte viele Einzelstrahlen hineingesendet in die neue Zeit, und jeder dieser Strahlen hätte die Herrlichkeit des Krishna herausposaunt in das Zukunftsweltenzeitalter. Auf diesem Wege war die Menschheit in den sechs bis acht Jahrhunderten, die der Begründung des Christentums vorangegangen sind. Da kam von der entgegengesetzten Seite etwas anderes heran.

Woher ist der Krishna-Impuls gekommen? Der Krishna-Impuls kommt in die Menschenseele, wenn diese von innen heraus immer tiefer aus ihrer eigenen Wesenheit schafft und schöpft, wenn sie immer mehr herausschöpft, um heraufsteigen zu können in diejenigen Regionen, wo der Krishna erreicht wird. Dann kam aber etwas, was von außen an die Menschheit herankam, was die Menschen niemals aus sich selber hätten erreichen können, was von der anderen Seite entgegenkam, zu jeder einzelnen sich neigend. So trafen die sich vereinzelnden Seelen auf eine gemeinsame Wesenheit, die von außen, aus dem Universum, aus dem Kosmos entgegenkam dem Zeitalter des Selbstbewußtseins als etwas, was jetzt nicht so herankam, daß man es durch die Einzelarbeit erreichen kann, was so herankam, daß es der gesamten Menschheit angehörte, der gesamten Erde. Von der entgegengesetzten Seite ist das andere herangekommen: der Christus-Impuls.

So sehen wir zunächst in einer mehr abstrakten Form, wie vorbereitet ist in der Menschheit eine Individualisierung, die immer mehr in die Individualisierung hineingehen sollte, und wie entgegenkam den sich individuell machen wollenden Seelen der Christus-Impuls, der diese Seelen wieder zusammenführte zu einer Gesamtmenschheit. Dasjenige, was ich heute ausführen wollte, war zunächst etwas wie eine abstrakte Bestimmung, eine abstrakte Charakteristik der beiden Impulse, des Krishna- und des Christus-Impulses. Ich versuchte zu zeigen, wie diese zwei Impulse in dem Zeitalter der mittleren Menschheitsentwickelung nahe aneinanderliegen, wie sie aber von entgegengesetzten Seiten herkommen. Man kann daher etwas sehr Unrichtiges sagen, wenn man die beiden Offenbarungswelten, die Krishna-Welt auf der einen Seite, die Christus-Welt auf der anderen, miteinander verwechselt. Dasjenige, was ich auseinandergesetzt habe in einer mehr abstrakten Form, wollen wir zu mehr konkreter Form in den nächsten Vorträgen führen. Die heutige Betrachtung aber möchte ich mit einem einfachen Worte schließen, welches einfach und schlicht geben soll den Extrakt desjenigen, was eigentlich die für die Menschheitsevolution wichtigsten Impulse sind. Wenn wir den Blick wenden zu dem, was zwischen dem 10. Jahrhundert vor dem Christus-Impuls und dem 10. Jahrhundert nach demselben geschehen ist, so können wir das wie in einem Extrakt in die Worte drängen: Es erfloß der Welt der Krishna-Impuls für jede einzelne Menschenseele, und es erfloß der Erde der Christus-Impuls für die ganze Menschheit. – Hierbei ist zu beachten, daß die ganze Menschheit für denjenigen, der konkret denken kann, nicht etwa die Summe von allen einzelnen Menschenseelen ist.

SIEBENTER VORTRAG

Helsingfors, 3. Juni 1913

Es ist ebenso natürlich, wie gewöhnlich von der Wissenschaft unbeachtet, daß der Mensch so, wie er heute einmal im Leben darinnen steht, einen Teil seines Wesens eigentlich gar nicht kennen kann. So wie die Umwelt um den Menschen herum sich ausbreitet, so stellt sie sich dar – wenn man sie gleichsam im groben zeichnet –, aufsteigend von dem mineralischen Reich durch das Pflanzenreich und durch das Tierreich bis herauf zum Menschen. Und voraussetzen muß der Mensch ja ganz selbstverständlich, daß hinter alle dem, was er an Formen ringsherum wahrnimmt, die schaffende Kraft stehe in allen Reichen der Natur, die den Menschen umgeben. In der ganzen uns umgebenden Natur muß zunächst vorausgesetzt werden die schaffende Kraft. Nun handelt es sich darum, daß der Mensch, wenn er den Blick in seine Umwelt richtet, dadurch, daß das mineralische, pflanzliche und tierische Reich außerhalb seiner sind und er sie beobachten kann, sich Erkenntnisse erwirbt. Aber von demjenigen, was der Mensch an sich selber hat, kann er sich eigentlich nur insoweit Kenntnisse erwerben, als in ihm die Kräfte walten, die in den genannten drei Reichen der Natur draußen auch sind. Und insofern er Kräfte in sich trägt, die über die Reiche der Natur hinausgehen, kann der Mensch eigentlich mit den gewöhnlichen Erkenntnismitteln sie gar nicht erkennen, kann gar nichts davon wissen. Denn durch das gerade, wodurch der Mensch über die Reiche der Natur herausragt, kann er ja erkennen, durch das kann er sich eben ein Wissen erwerben. Geradesowenig wie das Auge, das sehen muß, sich selbst sehen kann, ebensowenig kann der Mensch das an sich selber erkennen, was da ist, damit er erkennen kann. Es ist ein einfacher Gedanke, aber ein Gedanke, der durchaus gilt. Es ist unmöglich, daß das Auge sich selber sieht, weil es zum Sehen da ist; es ist unmöglich, daß diejenigen Kräfte im Menschen, die zum Erkennen da sind, sich selber erkennen. Und diese Kräfte, die zum Erkennen da sind, das sind gerade diejenigen, welche darstellen das, was mit der Menschheit über die Tierheit herausragt.

Der materialistische Darwinismus macht es sich nun leicht. Er vergißt die ebenso natürliche wie einfache Erkenntnis, daß die eigentliche Erkenntniskraft, durch die der Mensch über die Tierheit herausragt, für das gewöhnliche Erkennen eben unerkennbar sein muß. Er konstatiert zwar, daß sie unerkennbar ist, und leugnet sie deshalb und betrachtet deshalb den Menschen nur insoweit, als der Mensch gerade auch noch der Tierheit angehört. Sie sehen, worauf der eigentliche Trugschluß, die Täuschung des materialistischen Darwinismus beruht. Diejenigen Kräfte, welche die eigentlichen Erkenntniskräfte sind im Menschen, kann der Mensch an sich selber nicht erkennen. Das ist so natürlich, wie an sich selber sich das Auge nicht sehen kann. Aber das Auge kann ein anderes Auge sehen, und weil das Auge ein anderes Auge sehen kann, so kann es unter Umständen an sich glauben. Nun, mit dem Erkennen ist das nicht so der Fall. Das Erkennen kann sich selber nicht erkennen, aber es wäre immer wenigstens noch logisch möglich, daß der Mensch einem anderen Menschen gegenübertritt und das Erkennen, das heißt dasjenige, was den Menschen über die Tierheit herausführt, am anderen Menschen erkennen würde. Aber auch das ist unmöglich, und zwar aus den Gründen, die schon aus unseren bisherigen Betrachtungen hervorgehen.

Was ist denn das gewöhnliche Erkennen für die äußere Welt? Wir haben es schon hervorgehoben: Es ist ein fortwährendes Zerstören, ein Aufreiben der äußeren, wirklich der äußeren Gehirn- und Nervenstruktur. Wenn man also suchen würde im gewöhnlichen Tagesleben, in dem Leben, das dem äußeren physischen Plane angehört, nach den Tatsachen des Erkennens, so würde man einen Zerstörungsprozeß im Nervensystem finden. Man würde also keinen schöpferischen, keinen aufbauenden Prozeß finden. Aber die schöpferischen Kräfte, die den Menschen erst eigentlich zuwege bringen, indem sie ihn über die Tierheit erheben, können sich im wachen Tagesleben, in dem Leben, das für gewöhnlich das erkennende ist, überhaupt nicht entfalten. Die müssen da so zur Geltung kommen, daß sie die Zerstörung der Nervenstruktur nicht aufhalten. Das heißt aber, sie ruhen, sie schlafen im wachen Tagesleben. Man hat schon viel erkannt, wenn man den Satz durchdrungen hat, daß alles, was man erkennen müßte, um schon auf dem physischen Plan den materialistischen Darwinismus als einen Unsinn zu erkennen, eigentlich schläft vom Aufwachen bis zum Einschlafen, und daß statt dessen ein Zerstörungsprozeß da ist, während das ruht, was den Menschen über die Tierheit heraushebt. Die schöpferischen Kräfte, die den tierischen Organismus hervorbringen, stehen an Vollkommenheit hinter denjenigen zurück, die am menschlichen Organismus arbeiten. Während des wachen Tageslebens wirken diese schöpferischen Prozesse gar nicht, sondern ein anderer, der fortwährend gerade dasjenige zerstört, was über die Tierheit herausgeht, die schöpferischen Kräfte des Menschen. Diese Kräfte werden gerade während des wachen Tageslebens zerstört. Sie sind also gar nicht da. Während des wachen Tageslebens schlafen also die Kräfte, die eigentlich den Menschen über die Tierheit heben. Während des Schlafes treten sie nun auf. Da wird dasjenige, was zerstört worden ist, wiederum hergestellt, da wird das gleichsam wiederum ausgefüllt. So daß wahrgenommen werden könnten die schöpferischen Kräfte, die den Menschen über die Tierheit herausheben, eigentlich nur an dem schlafenden Menschen. Wir würden also zu sagen haben: Dasjenige, was am schlafenden Menschen wiederum herstellt die Kräfte, die während des tagwachen Lebens abgebraucht werden, das müssen Kräfte sein, die den Menschen über die Tierheit herausheben. Diese Kräfte sind ja zwar heute der äußeren Naturwissenschaft noch unbekannt; sie gelangt erst allmählich dazu, sie zu ahnen. Aber sie ist auf dem Wege, diese Kräfte ganz mit äußeren Mitteln einmal bloßzulegen. Wirklich beobachtet könnten sie nur im Menschen werden, wenn man beobachten würde, wie beim Menschen der Reorganisationsprozeß im Schlafe sich vollzieht. Denn das erleidet allerdings schon Ausnahmen, daß nicht beobachtbar sind am Menschen für gewöhnlich diejenigen Kräfte, die über die Tierheit hinausführen. Wenn einmal die Naturwissenschaft unterscheiden wird diejenigen Kräfte im Menschen, die in ihm vorhanden sind über die Tierheit hinaus, dann wird sie gerade am schlafenden Menschenleibe das Herausgehobensein des Menschen über die Tierheit auch physisch konstatieren, weil man erkennen wird, wie schöpferisch während des Schlafens dasjenige wirkt, was zerstörend wirkt während des Tagwachens. Wenn einmal die Naturwissenschaft unterscheiden lernen wird die Regenerationskräfte im Menschen von dem, was in der Tierheit vorhanden ist, dann wird sie erkennen, wie die schöpferischen Kräfte, die im Erdenleben walten, um den Menschen über die Tierheit herauszuführen, nur wachen, wenn der Mensch schläft. Es schlafen also des Menschen eigentliche Schöpferkräfte, wenn der Mensch wacht; und es wachen des Menschen eigentliche Schöpferkräfte, wenn der Mensch schläft. Aus alle dem können wir entnehmen, daß in Selbsterkenntnis, in wirklicher Selbsterkenntnis des Menschen schöpferische Kräfte, die eigentlich menschlichen Kräfte, nur dann wahrgenommen werden können, wenn der Mensch hellsichtig wird während des Schlafens, das heißt, in einem, dem sonstigen Schlafe gleichen Zustand hellsichtig aufwacht. Im fünften Vortrage dieser Betrachtungsreihe habe ich ja schon darauf hingewiesen. Heute aber habe ich ja schon gesagt, daß in einer gewissen Weise man aus den Prozessen, die sich am schlafenden Menschen zeigen, nach und nach naturwissenschaftlich Hinweisungen finden wird auf diese Kräfte, die den Menschen heraufheben über die Tierheit. Aber es werden eben immer nur Hinweise bleiben. Denn diese Kräfte stellen sich gerade, wenn sie sich heute dem hellsichtigen Bewußtsein darstellen, als solche dar, daß sie ihre wahre, ureigentliche Gestalt nicht nach außen den Sinnen zeigen können. Man wird einmal auf diese Kräfte Schlüsse ziehen können aus naturwissenschaftlichen Tatsachen. Aber aus einem ganz anderen Grunde als dem, daß diese Kräfte eigentlich nicht wahrnehmbar sind, werden diese Kräfte – zwar nicht wahrnehmbar, so doch erschlossen werden können: aus dem Grunde nämlich, weil diese Kräfte, welche die menschenschöpferischen Kräfte genannt werden können, sich zu allem, was sonst Naturkräfte sind, in einer ganz besonderen Weise verhalten. Es ist ein ziemlich schwieriges Kapitel, auf das man da kommt, aber wir werden es uns in der folgenden Weise wohl klar machen können.

Nehmen wir an, wir hätten hier den Rezipienten einer Luftpumpe, eine Glasglocke, aus der wir die Luft herauspumpen, und nehmen wir an, es würde uns gelingen, diese umgestürzte Glasglocke wirklich luftleer zu machen. Das ist ja angehend möglich für die äußere Erfahrung. Da wird nun jeder sagen, der mit seinem Verstande an der sinnlichen Welt kleben will: Da drinnen ist also keine Luft, da ist ein luftleerer Raum. Mehr kann man ja nicht machen, weniger als keine Luft kann da nicht drinnen sein. – Wahr ist das doch nicht. Denken wir uns einmal, wir pumpten, das heißt wir machten die Luft immer dünner da drinnen. Dann können wir uns vorstellen, daß das so weit gehen könnte, daß wir gewissermaßen am Nullpunkt angelangt wären, daß wir nun aber weiter pumpten, und nun unter Null gehen könnten: dann würden wir einen Raum bekommen, der weniger als luftleer wäre. Die Menschen, die sehr am Materiellen hängen, werden sich das schwer vorstellen können, denn die Menschen können sich gewöhnlich nicht «weniger als nichts» vorstellen.

In bezug auf Sinneswahrnehmungen wird diese Vorstellung schon eher vollzogen werden können. Denken wir uns einmal, wir seien in einem Walde, wo viele, viele Vögel singen. Mitten darin sind wir in diesem Vogelgesang. Nehmen wir nun aber an, wir entfernten uns immer mehr und mehr, wir gingen aus dem Walde heraus, wir hörten den Vogelsang immer weniger, kämen an einen Ort, wo wir ihn nicht mehr hören könnten, aber wir gingen noch weiter: dann muß das Verringertwerden des Hörens doch auch weiter gehen. Wir kommen zur Stille, aber wenn wir weiter gehen, doch auch in bezug auf den Vogelgesang zu dem, was unter der Stille, unter der Ruhe ist. Sie sehen, daß dieser zweite Gedanke, diese zweite Vorstellung schon besser zu vollziehen ist als die erste. Daß es gerade eine Grenze gibt, wo wir nichts mehr hören, können wir uns leicht vorstellen. Aber wir können uns auch noch vorstellen, daß wir weiter gehen können, wobei wir sogar weniger als nichts hören.

Es ist manchmal ganz wunderbar, welche Dinge wie Axiome, wie Selbstverständlichkeiten hingenommen werden. So können wir in zahlreichen philosophischen Werken des Westens lesen: Weniger als nichts kann nirgends da sein, weniger als nichts gibt es nicht. – Ja, nicht einmal das Nichts, so behaupten manche, könne da sein. Jetzt muß ich etwas recht Triviales sagen. Im Leben bemerken die Menschen schon recht gut, daß es sowohl ein «Nichts» als auch ein «Weniger-als-Nichts» gibt für gewisse Tatsachenreihen. Wenn Sie zehn Mark in der Tasche haben, so können Sie diese immer mehr verringern. Sie können fünf, vier, drei, zwei, eine Mark aus ihnen machen, und diese eine können Sie auch noch ausgeben. Da kann man schon zu einem Nichts kommen. Aber auf diesem Gebiete gibt es sogar wirklich ganz real ein Weniger-als-Nichts. Das ist sogar recht oft eine sehr starke Realität, denn jeder Mensch ist wohl zufriedener, wenn er zwei, drei, vier, fünf Mark in der Tasche hat, als wenn er zwei, drei, vier, fünf Mark schuldig ist. Das ist weniger als nichts, und dieses Weniger-als-Nichts ist in unserem praktischen Leben sogar eine recht starke, recht wirksame Realität. Denn diese Realität des Weniger-als-Nichts kann ja sogar eine viel stärkere Realität sein als die Realität des Besitzes.

Was in diesem trivialen Beispiele da ist, ist in der Tat in der Welt auch da. Alle philosophischen Deklamationen von dem «Nichts», von dem «Gehen bis zum Nichts» und so weiter sind eigentlich im Grunde genommen, wenn sie auch oftmals mit axiomatischer Prätention auftreten, Wischiwaschi, so etwas, was ein verschwimmendes Nichts ist. Richtig selber wie ein verschwimmendes Nichts sind diese Axiome. Nichts sind diese Axiome über das Nichts. Es ist durchaus richtig, daß das Etwas, das physische Etwas heruntervermindert werden kann bis zu dem Nichts, und dann noch weiter, zum Weniger-als-Nichts. Es ist durchaus richtig, daß dieses Nichts überall ein realer Faktor ist. Die Welt, die uns umgibt, die wir als Naturkräfte kennen, müssen wir uns, so wie sie im mineralischen, pflanzlichen, tierischen Reich uns entgegentritt, bis ins Nichts heruntergemindert denken, dann aber noch weiter, unter das Nichts heruntergemindert: dann kommen die Kräfte heraus, welche die schöpferischen Kräfte sind, wenn der Mensch schläft. So verhalten sich die Kräfte, die den Menschen regenerieren, wenn er schläft, zu den gewöhnlichen Naturkräften, die um uns herum sind.

Da nun aber die gewöhnliche Naturwissenschaft von den Kräften nur die Außenseite kennt, eigentlich sogar nur ein Abstraktum festhält, so kann sie auf diesen Unterschied überhaupt nicht eingehen.

Denn die gewöhnliche Naturwissenschaft verhält sich zu der Wirklichkeit in den Naturkräften so, wie man sich etwa verhalten würde, sagen wir, zu zehn Linsen, zehn Erbsen, zehn Bohnen, indem man die Qualität wegläßt, und nur die Zahlen sagt: es sind ja alle drei eben zehn, nichts anderes als zehn. So unterscheidet die äußere Naturwissenschaft nicht, sondern sie hat gemeinsame Namen, die aber nur wie die Zahl die Oberfläche der Dinge berühren.

Nehmen Sie nun an, daß die Naturwissenschaft einmal darauf kommen wird: es müssen Kräfte walten, wenn im Schlaf der Organismus wieder regeneriert, wieder aufgebaut wird, – so wird sie sich zu diesen Kräften verhalten, wie jemand sich gegen einen Menschen verhält, der ihm sagt: Ich habe fünfzehn Mark in der Tasche, – und dieser Jemand würde nun antworten: So, Mark interessiert mich nicht, fünfzehn hast du. – Dann käme ein anderer und sagte: Ich habe fünfzehn Mark Schulden. – Dann würde der Jemand sagen: Das ist nicht wahr, fünfzehn hast du. – Er läßt unbeachtet, um was es sich gerade handelt. So auch wird man weglassen gerade das Charakteristische der Kräfte, die den Menschen aufbauen während des Schlafes. Die Folge wird sein, daß man diese Kräfte verwechseln wird mit den gewöhnlichen Naturgesetzen und nicht erkennen wird, daß da höhere Gesetze walten.

Das alles erwähne ich, um zu zeigen, welche Schwierigkeit die äußere Wissenschaft immer hat und haben muß, wenn sie die Wahrheit erkennen will. Zwar wird sie Schlüsse machen und dann wohl auf die Wahrheit kommen. Aber das wird für eine gewisse Anzahl von Menschen nicht notwendig sein, denn es wird ja diese Wissenschaft allmählich unterstützt werden von dem hellsichtigen Erkennen, für das sich allerdings diese Kräfte ganz anders verhalten als die Kräfte, die wir draußen im mineralischen, pflanzlichen, tierischen Reich regsam finden. Ich kann jetzt nicht darauf eingehen, daß ein oberflächlicher Einwand der wäre, daß die Tiere ja auch schlafen. Solche Einwände sind logisch wirklich ganz minderwertig, aber man bemerkt nicht ihre Minderwertigkeit, weil man nicht nach dem Wesen der Sache, sondern nach Begriffen urteilt. Derjenige, der den tierischen Schlaf in diese Betrachtung hereinbringen würde, der würde logisch denselben Fehler begehen, wie wenn jemand sagen würde: Ich spitze meinen Bleistift mit einem Messer und ich rasiere mich mit einem Messer, – und der andere würde sagen: Das kann ja gar nicht sein, ein Messer gehört zum Fleischschneiden. – So urteilen die Menschen überall. Die Menschen denken, dasselbe habe für andere Reiche dieselbe Funktion. Das ist aber derselbe Fehler, wie wenn jemand, der nur ein Messer beim Fleischschneiden gesehen hat, und nun sieht, wie ein Messer zum Rasieren verwendet wird, das Rasieren mit dem Fleischschneiden zusammenbringen würde. Der Schlaf ist beim Menschen eine ganz andere Funktion als beim Tier.

Ich wollte Sie hinweisen auf Kräfte, die in der menschlichen Natur walten, die also zunächst uns entgegentreten, wenn wir den schlafenden Menschen ins Auge fassen, die uns entgegentreten bei der Regeneration des Organismus im Schlafe. Aber diese Kräfte sind mit anderen Kräften verwandt, mit denselben Kräften durchaus verwandt, welche im Menschen sich auch mit einer gewissen, man möchte sagen, Unbewußtheit entwickeln. Es entwickeln sich im Menschen gewisse Kräfte mit einer gewissen Unbewußtheit: das sind die Kräfte, welche zusammenhängen mit der menschlichen Fortpflanzung, mit der menschlichen Generation. Wir wissen ja, daß im menschlichen Bewußtsein bis zu einem gewissen Lebensalter über diese Kräfte eine unmittelbare holde Unbewußtheit waltet, die Unschuld des Kindesalters. Wir wissen, daß mit einem gewissen Alter über diesen Kräften das Bewußtsein erwacht, daß gleichsam von einem bestimmten Alter an der menschliche Organismus durchsetzt wird vom Bewußtsein aus mit den Kräften, die später die sinnliche Liebe der Geschlechter genannt werden. Was vorher waltet wie schlafende Kräfte, die erst mit der Geschlechtsreife erwachen, das sind, wenn sie in ihrer ureigenen Gestalt betrachtet werden, genau dieselben Kräfte, die im Schlaf die zerstörten Kräfte im Menschen wieder herstellen. Verdeckt sind diese Kräfte nur von der anderen menschlichen Natur, weil sie vermischt sind mit der anderen menschlichen Natur. Es walten unsichtbar im Menschen Kräfte, welche schuldvoll erst werden, wenn sie zum Erwachen kommen, welche schlafen oder höchstens träumen bis die Geschlechtsreife eintritt.

Da in der menschlichen Natur die späteren Kräfte sich erst vorbereiten, so sind diese späteren Kräfte, die noch nicht wach sind, schon von der Geburt an vermischt mit den übrigen Kräften der menschlichen Natur, und diese menschliche Natur wird wie durchsetzt von diesen schlafenden Kräften. Das ist es, was als so wunderbares Mysterium uns im Kinde entgegentritt: die schlafenden Kräfte der Generation, die erst später erwachen. Daher ist es auch, daß derjenige, der für so etwas eine Empfindung hat, etwas wie das Wehen des Götterodems empfindet, wenn er unter den mannigfachen Ungezogenheiten, Eigensinnigkeiten und anderen mehr oder weniger unangenehmen Eigenschaften des Kindesalters dieselben Kräfte wirksam findet, die nur wie zurückgezogen sind im Kindesalter, dieselben Kräfte, die bei der Geschlechtsreife erwachen. Es sind diese Eigenschaften des Kindes schuldlos die Eigenschaften des Erwachsenen. So verspürt derjenige, der unter diesen Eigenschaften die in das Kindesalter wie zurückgezogenen Generationskräfte erkennt, den Odem der Götter, der göttlichen Kräfte, die so wunderbar sich ausnehmen, weil sie, indem sie später des Menschen niedere Natur darstellen, solange sie in Unschuld walten, einen göttlichen Hauch wirklich darbieten. Diese Dinge muß man empfinden, fühlen. Dann wird man das menschliche Wesen so wunderbar zusammengefaßt erkennen aus den Kräften, die im zartesten Kindesalter wie schlafend walten und später, wenn sie erwachen, wirksam nur sind, wenn sie in Unschuld walten, wenn der Mensch in der Nacht in die Unschuld des Schlafens zurücksinkt.

So zerfällt uns die menschliche Natur gleichsam in zwei Teile. Wir haben eigentlich in jedem Menschen zwei Menschen vor uns: den einen Menschen, der wir sind vom Aufwachen bis zum Einschlafen, und den anderen Menschen, der wir sind vom Einschlafen bis zum Aufwachen. In dem einen Menschen sind wir fortwährend bemüht, unsere Natur bis zur Tierheit herabzuquälen mit allem, was nicht Erkenntnis ist, was nicht rein im Geiste erfaßt wird. Mit alle dem sind wir immerdar bemüht, unsere Natur zur Tierheit herabzuquälen. Dies ist während unseres Wachzustandes. Was uns aber über diesen Menschen erhebt, waltet zunächst als holdselige Kraft unschuldsvoll während der Kindheit innerhalb der Generationskräfte, und waltet, wenn diese Kräfte erwachen, im Schlafe, wenn regeneriert wird, was durch das Tagwachen zerstört worden ist. So haben wir einen Menschen in uns, der verwandt ist mit den schöpferischen Kräften im Menschen, und einen Menschen, der diese Kräfte zerstört. Das Bedeutsame aber in der Doppelnatur des Menschen ist, daß man eigentlich hinter alle dem, was die Sinne wahrnehmen, zu vermuten hat einen anderen Menschen, einen Menschen nämlich, in dem die schöpferischen Kräfte walten. Dieser zweite Mensch, in dem die menschenschöpferischen Kräfte walten, ist ungemischt eigentlich nie da. Er ist niemals ohne Mischung da: während des Wachens ist er nicht da und während des Schlafens auch nicht. Denn während des Schlafens bleibt ja der physische Leib und Ätherleib durchsetzt von den Nachwirkungen des Tages, von den Zerstörungskräften. Wenn diese Zerstörungskräfte aber endlich fortgeschafft worden sind, so wachen wir ja wieder auf.

So ist es seit jenem Zeitalter, das wir das lemurische Zeitalter nennen, seit dem eigentlich die gegenwärtige Menschheit ihre Entwickelung begonnen hat. Damals – Sie finden diesen Moment genauer dargestellt in meiner «Geheimwissenschaft» – fand der luziferische Einfluß auf den Menschen statt und brachte Dinge über den Menschen, die wir folgendermaßen charakterisieren können: Aus diesem luziferischen Einfluß kam neben allem anderen dasjenige, was heute den Menschen fortwährend zwingt, sich zur Tierheit herabzuquälen. Dasjenige aber, was der Menschennatur beigemischt ist, was der Mensch eigentlich, so wie er ist, noch nicht erkennt, die schöpferischen Kräfte, das waltete vor dem luziferischen Impuls als Menschtum in der ersten lemurischen Zeit. Wir steigen auf in der Betrachtung von dem gewordenen Menschen zu dem werdenden, von dem Menschen als Geschöpf zu den menschenschöpferischen Kräften. Das erweitert aber unseren Blick zugleich in jene alte lemurische Zeit hinein, da der Mensch noch ganz und vollkommen durchsetzt war von diesen schöpferischen Kräften. Damals wurde also der Mensch in seiner heutigen Gestalt. Wenn wir das Menschengeschlecht verfolgen von diesem Zeitpunkt der lemurischen Zeit an, so haben wir durch alles hindurch, was dann gekommen ist, immer diese Doppelnatur des Menschen vor uns. Eingetreten ist der Mensch damals in eine Art niedere Natur. Aber dazumal – das zeigt uns der zurückgewandte hellsichtige Blick in die Akasha-Chronik – ist neben jenen auch von menschenschöpferischen Kräften durchsetzten Menschen gleichsam hinzugetreten, wie eine Schwester- oder Bruderseele, eine bestimmte Seele. Es wurde gewissermaßen zurückgehalten diese Schwesterseele, die nicht in die Menschenevolution hineinversetzt worden ist. Sie blieb nur durchsetzt von menschenschöpferischen Kräften. Es blieb zurück ein Mensch, in der alten lemurischen Zeit, gleichsam die Schwester- oder Bruderseele – denn für jene Zeit ist das ja einerlei –, es blieb zurück die Bruderseele des Adam. Diese Seele blieb damals zurück, diese Seele konnte nicht eingehen in den physischen Menschheitsprozeß. Sie blieb zurück und waltete unsichtbar für den physischen Menschheitsprozeß. Sie wurde nicht geboren wie die Menschen im fortlaufenden Prozeß. Denn wäre sie geboren worden und gestorben, dann wäre sie ja eingetreten in den physischen Menschheitsprozeß. Sie waltete im Unsichtbaren und konnte nur wahrgenommen werden von denjenigen, die sich hinauferhoben zu jenen hellsichtigen Höhen, zu jenen hellsichtigen Kräften, die erwachen in dem Zustande, der sonst der Schlaf ist. Denn dann ist der Mensch verwandt mit den Kräften, die lauter in der Schwesterseele walten. Der Mensch ging ein in die Evolution, aber darüber waltend lebte, sich opfernd, eine Seele, die sich zunächst nicht verkörperte während des ganzen Menschheitsprozesses, die nicht nach Verkörperungen strebte, die nicht nach Geburt und Tod strebte wie die Menschenseelen. Diese Seele wurde nur sichtbar, konnte sich nur zeigen, wenn die Menschen schlafend hellsichtig werden konnten. Sie wirkte aber doch auf die Menschheit, diese Seele, da, wo die Menschheit in besonderem Hellsehen ihr entgegentrat. Das waren Menschen, welche durch Schulung oder naturgemäß solche hellsichtigen Kräfte besaßen, die die schöpferischen Kräfte erkennen konnten. Und wo solche Schulen in der Geschichte auftreten, kann man immer erkennen, daß sie gewahr wurden eine Seele, welche die Menschheit begleitet. In den meisten Fällen war eben diese Seele nur erkennbar solchen hellsichtigen Zuständen, die den geistigen Blick hineinerweiterten ins Schlafbewußtsein.

Durch jene besonderen Umstände, unter denen die Arjunaseele all das um sich herum wahrnahm und auf ihre Empfindung wirken ließ, indem sie fühlte, was sich damals in Kurukshetra abspielte, auf dem Schlachtfelde, wo die Kurus und Pandus sich gegenüberstanden, da ereignete es sich, daß durch die Seele des Wagenlenkers des Arjuna diese bestimmte eigentümliche Seele sprach. Und die Erscheinung dieser Seele, sprechend durch eine Menschenseele, das ist der Krishna. Welche Seele also war geeignet, in die menschliche Seele hineinzuversenken den Impuls zum Selbstbewußtsein? Jene Seele war es, die zurückgeblieben ist in der alten lemurischen Zeit, als die Menschheit in die eigentliche Erdenevolution eingetreten ist. Früher war diese Seele oftmals in Erscheinungen zu schauen, aber in viel geistigerer Art. In dem Zeitpunkte aber, von dem uns der erhabene Sang, die göttliche Gita verkündet, ist zu denken eine Art Verkörperung – aber viel Maya ist dabei –, eine Art Verkörperung dieser Seele von Krishna. Dann aber tritt in der Menschheitsgeschichte eine bestimmte Verkörperung ein: diese selbe Seele verkörpert sich später wirklich in einem Knaben. Diejenigen der verehrten Freunde, zu denen ich öfter darüber gesprochen habe, wissen, daß zu der Zeit, als das Christentum begründet wurde, zwei Knaben geboren wurden in Familien, in welchen beiden das Blut des Hauses David floß. Der eine Knabe ist uns im Matthäus-Evangelium, der andere im Lukas-Evangelium geschildert. Dies ist der wahre Grund, warum das Matthäus-Evangelium mit dem Lukas-Evangelium für eine äußere Betrachtung nicht stimmt. Derselbe Jesusknabe nun, von dem das Lukas-Evangelium berichtet, ist zunächst die Verkörperung dieser selben Seele, die früher niemals in einem menschlichen Leibe gewohnt hat, aber doch eine Menschenseele ist, weil sie eine Menschenseele war während der alten lemurischen Zeit, in welcher unsere eigentliche Evolution begonnen hat. Es ist dieselbe Seele, die sich als der Krishna offenbart hat. So haben wir dasjenige, was der Krishna-Impuls bedeutet, den Anstoß zum menschlichen Selbstbewußtsein, verkörpert in dem Körper des Lukas-Jesusknaben. Das, was da verkörpert war, ist verwandt mit den Kräften, die im Kindesalter in so holder Unschuld, bevor sie als Geschlechtskräfte erwachen, schlafend da sind. Im Lukas-Jesusknaben können sie sich bis zu diesem Alter hin, wo sonst der Mensch in die Geschlechtsreife eintritt, betätigen, kundgeben. Es hätte der Körper des Jesusknaben, der ja aus der allgemeinen Menschheit genommen worden ist, die in die Inkarnationen heruntergestiegen war, nicht mehr gepaßt zu den Kräften, die ja verwandt sind mit den holden, unschuldigen Geschlechtskräften im Kinde. Daher geht die Seele, die in dem anderen Jesusknaben ist und die, wie die meisten unserer lieben Freunde ja wissen, die Zarathustraseele ist, also eine Seele, die von Inkarnation zu Inkarnation geschritten ist und die gerade durch besonderes Arbeiten innerhalb vieler Inkarnationen ihre Höhe erreicht hat, daher geht diese Zarathustraseele hinüber in den Leib des Lukas-Jesusknaben und ist von da ab – wie Sie es dargestellt finden in meinem Buche «Die geistige Führung des Menschen und der Menschheit» – mit diesem Leibe des Lukas-Jesusknaben verbunden. Da berühren wir ein wunderbares Geheimnis. Da sehen wir, wie in einen menschlichen Leib, in den Leib des Lukas-Jesusknaben, einzieht die Menschenseele, wie sie gewesen ist, bevor der Mensch in die irdische Inkarnationsreihe hinuntergegangen ist. Da begreifen wir, daß diese Seele in dem Menschenleibe nur bis zum zwölften Jahre dieses Leibes walten konnte, begreifen, daß dann eine andere Seele, welche alle Menschheitsverwandlungen durchgemacht hat, wie die Zarathustraseele, Besitz ergreifen muß von diesem besonderen Leibe. Das Wunderbare vollzieht sich, daß dasjenige, was des Menschen Innerstes ist, sein eigentliches Selbst, was wir als Krishna haben ansprechen sehen, als Impuls haben aufblitzen sehen in dem Krishna-Impuls, den Jesusknaben durchdringt, der uns geschildert wird im Lukas-Evangelium. Diejenigen Kräfte sind darinnen, welche die innersten Menschheitskräfte sind. Wir können sie auch die Krishna-Kräfte nennen, denn wir kennen ja ihren Ursprung. Was ich im vorigen Vortrage gleichsam wie ohne Wurzel gezeichnet habe, diese Krishna-Wurzel reicht bis in die lemurische Zeit hinauf, in die menschliche Urzeit. Sie war in einer Zeit mit der Menschheit verbunden, bevor die physische

Menschheitsentwickelung begonnen hat. Diese Wurzel, diese in dem Unbestimmten zusammenkommenden, sich vereinenden Krishna-Kräfte wirkten dann dazu, daß das menschliche Innere von Innen heraus sich entfaltete, sich entwickelte. Konkret im Innern einer einzelnen Wesenheit ist diese Wurzel im Lukas-Jesusknaben darinnen, wächst heran und bleibt unter der Oberfläche des Daseins fortwirkend, nachdem die Zarathustraseele in diesen besonderen Menschenleib eingezogen ist. Dann kommt in jenem Augenblick, der geschildert wird in der Bibel durch die Johannestaufe, also im dreißigsten Jahre dieses eigentümlichen Menschenleibes, dasjenige an diesen Leib heran, was jetzt der ganzen Menschheit angehört. In dem Augenblick, der bezeichnet wird durch die Stimme: «Dieser ist mein vielgeliebter Sohn, heute habe ich ihn gezeugt», da tritt der Christus von der anderen Seite nun an das Physische heran. Hier haben wir den Moment: in dem Leibe, der vor uns steht, haben wir konkret dasjenige, was wir gestern abstrakt betrachtet haben. Es tritt, was der ganzen Menschheit angehört, an diesen Leib heran, der in sich enthält dasjenige, was von einem anderen Impulse aus die individuellen Kräfte des Mescheninnern, die der Mensch noch heraufentfalten will, zum höchsten Ideal gebracht hat.

Ich glaube, wenn Sie dasjenige betrachten, was uns heute zu einer Art Verstehen des großen Momentes geführt hat, der bildlich in der Bibel ausgedrückt wird als die Johannestaufe im Jordan, so werden Sie sagen müssen: Diese anthroposophische Betrachtung nimmt nichts hinweg von der Erhabenheit des Christus-Gedankens, sondern im Gegenteil, sie fügt, indem sie das Verständnis ausgießt über diesen Christus-Gedanken, vieles zu dem hinzu, was in äußeren, exoterischen Anschauungen der Menschheit gegeben werden kann.

Ich versuchte heute so darzustellen, daß es aus dem äußeren Menschheitsverlauf für das unbefangene Gemüt einigermaßen Verständnis bringen kann. So aber ist dieses Geheimnis nicht gefunden worden. Es könnte vielleicht jemand an der Hand meiner Vorträge über das Lukas-Evangelium, die ich in Basel vor Jahren gehalten habe, wo ich zum erstenmal hingewiesen habe auf die zwei Jesusknaben und auf ihre Abstammung, wo ich zum ersten Male hinweisen konnte darauf, daß in dem einen Jesusknaben lebte die Zarathustraseele, und daß diese in einem bestimmten Zeitpunkte überging in den Leib des anderen Jesusknaben, es könnte jemand, der das gehört hat, fragen: Ja, warum ist denn das, was heute hinzugefügt worden ist, nicht dazumal schon dargestellt worden? – Das hängt mit der ganzen Art, wie die Sache gefunden ist, zusammen. Nämlich damit, daß wahrhaftig diese ganze Wahrheit in keinem einzigen Stück mit dem menschlichen Verstande gefunden worden ist. So wie ich versuchte, sie heute einzukleiden, ist sie nicht gefunden, sondern so, daß zuerst die Wahrheit dastand – wie ich das geschildert habe vor ein paar Tagen –, daß die Tatsache da war. Dann hat sich das andere von selbst gegeben, hat sich angeschlossen an den Grundstamm dieser Erkenntnis der Wahrheit von den zwei Jesusknaben. Daraus können Sie entnehmen, wie in der anthroposophischen Strömung, die ich mir erlaube vor Ihnen zu vertreten, nichts verstandesmäßige Konstruktion ist. Das ist nicht etwas, was ich so hinstellen will, als ob es jeder so machen müsse, was ich selber als besondere Aufgabe für mich selber betrachte: nämlich, nichts zu sagen, was von dem Verstande als solchem gegeben ist, sondern die Dinge so zu nehmen, wie sie zunächst gegeben werden für die okkulte Beobachtung, die später erst durchdrungen wird von der menschlichen Vernunft. Nicht aus äußerer historischer Forschung ist das über die zwei Jesusknaben gefunden worden, sondern es war von Beginn an eine okkulte Tatsache. Dann ist der Zusammenhang mit dem Krishna-Geheimnis offenbar worden. Sie sehen daraus, in welcher Weise Menschenwissenschaft, die ins Okkulte hinein arbeiten muß in dem Zeitalter, in das wir selber eintreten, in welcher Weise auch den einzelnen Menschenseelen verständlich werden wird das, was die eigentlichen Grundimpulse der Erdenevolution sind, wie dieses immer mehr und mehr hineinleuchten wird in dasjenige, was geschehen ist, und wie wahre Wissenschaft wirklich nicht bloß zum Verstande sprechen wird, sondern wahrhaftig die ganze Seele des Menschen erfüllen wird. Gerade wer sich bekannt macht mit okkulten Tatsachen – und wahrhaftig, das erfährt man immer mehr, je tiefer man eindringt in die Welt der Tatsachen –, der hat die Empfindung, der hat das Gefühl für die Größe, für die Herrlichkeit und für das Gewaltige dieser Tatsachen. Unsere ganze Seele wird engagiert, nicht nur Verstand und Vernunft, unsere ganze Seele wird angefeuert, wenn wir uns auf die Wahrheit in dieser Weise einlassen. Und insbesondere in einem solchen Moment, da wir den Blick hinwenden zu jener wunderbaren Tatsache, wo der Menschheit ganzes Innere in einem Menschenleibe lebte und anderseits aus der ganzen Erdenevolution sich herangetwickelt hat eine Seele, die von diesem Leibe Besitz ergreift, und wie nun während dreier Jahre seines Lebens von außen herangetreten ist an diesen Leib etwas, was aus dem Kosmos der ganzen Menschheit zuerteilt ist: wahrhaftig, das erschüttert und erfüllt unsere ganze Seele. Das spirituelle Zeitalter wird uns auch die Möglichkeit bringen, solche Momente noch mehr zu vertiefen. Aber dasjenige, was untrennbar ist von dem spirituellen Zeitalter, das ist, daß wir eben lernen, anders uns zu den großen Welträtseln und Weltgeheimnissen zu verhalten, als sich die Vorwelt verhalten hat, daß wir lernen, nicht nur Verstand und Vernunft den heiligen Rätseln entgegenzuhalten, sondern unsere ganze Seele. Dann werden wir mit unserer Seele Teilnehmer an der ganzen Menschheitsevolution. Und die Art, wie wir Teilnehmer werden, wird für uns selber etwas, was wie eine Quelle ist des seligen Menschheitsbewußtseins: daß wir uns seelisch erfüllt finden, daß wir empfinden, gehören zu dürfen zu der Menschheit, die über die Erde hin entwickeln soll solche Impulse, wie sie eben besprochen worden sind.

ACHTER VORTRAG

Helsingfors, 4. Juni 1913

Wenn es sich darum handelt, volles Verständnis einer solchen Schöpfung entgegenzubringen, wie es die Bhagavad Gita ist, das erhabene Lied, dann ist es notwendig, seine Seele in einer gewissen Beziehung erst geeignet zu machen, erst sie hinzuführen zu jener Art des Empfindens und Fühlens, die da eigentlich zugrunde liegt. Doch gilt dasjenige, was ich eben jetzt ausgesprochen habe, im Grunde nur für die Lage, in der Menschen sind, die mit ihrem eigenen Fühlen und Empfinden zunächst so weit entfernt sein müssen von der Bhagavad Gita wie die westländische Bevölkerung. Es ist selbstverständlich, daß wir eine zeitgenössische, geistige Leistung unmittelbar aufnehmen können. Es ist auch natürlich, daß ein Volk oder die Zugehörigen eines Volkes eine geistige Leistung, die unmittelbar aus der Volkssubstanz entspringt, wenn sie auch älteren Zeiten angehört, immer unmittelbar empfindet. Allein der Bhagavad Gita stehen die westländischen Bevölkerungen, nicht die südasiatischen Bevölkerungen, ganz fern in Fühlen und Empfinden. Will man ohne seelische Vorarbeit sich dieser Dichtung nähern, so muß man sich auf diese ganz andere Geistes- und Seelenstimmung präparieren, wenn man die Bhagavad Gita verstehen will. Deshalb muß so unendlich viel Mißverständnis entspringen. Eine geistige Leistung, die herüberragt aus ganz fremdem Volksstamme, aus dem 9., 10. Jahrhundert vor unserer Zeitrechnung, vor der Begründung des Christentums, kann von der westländischen Bevölkerung nicht so unmittelbar verstanden werden wie, sagen wir, von dem finnischen Volke Kalevala oder von den Griechen die homerischen Dichtungen, oder vielmehr von der ganzen westländischen Bevölkerung diese homerischen Dichtungen. Wir müssen, wenn wir auf diesen Punkt uns weiter einlassen wollen, schon einiges wiederum zusammentragen, was uns den Weg zur Bhagavad Gita weisen könnte.

Da möchte ich vor allen Dingen auf eines aufmerksam machen. Die Gipfelpunkte des geistigen Lebens sind eigentlich zu allen Zeiten für die weiteren Horizonte des menschlichen Verständnisses Geheimnisse gewesen. Und so ist es auch bis in unser Zeitalter herein in gewissem Sinne geblieben. Zu den besonderen Eigentümlichkeiten unseres Zeitalters, das wir ja, insofern wir in der Morgenröte dieses Zeitalters stehen, mit einigem charakterisiert haben, wird es allerdings gehören, daß gewisse Dinge, die im weiteren Umkreise Geheimnisse geblieben sind, die nur bei einigen ganz wenigen bekannt waren, wirklich bekannt waren, daß diese populär werden, mehr heraus sich verbreiten in die weiteren Schichten unserer Menschheit. Und weil das so ist, sitzen Sie ja hier. Mit unserer Bewegung soll ja der Anfang gemacht werden dieses Heraustragens solcher Dinge, die eigentlich immer bisher Geheimnisse geblieben sind für den weiteren Umkreis der Menschheit. Und manche vielleicht unbewußten Gründe, die Sie zur anthroposophischen Weltanschauung, zur anthroposophischen Geistesströmung drängten, kamen eben von diesem unbewußten Verständnis, daß sich heute gewisse Geheimnisse in alle Seelen, in alle Herzen hineinergießen müssen.

Aber bis in unsere Zeit war es von anderen Gesichtspunkten aus doch so, daß gewisse Dinge Geheimnisse geblieben sind, nicht weil man sie geheim gehalten hat, sondern weil es in der natürlichen Entwickelung der Menschheit liegt, daß sie Geheimnisse bleiben mußten. Man spricht davon, daß durch ganz bestimmte, strenge Regeln die Geheimnisse der alten Mysterien geschützt waren vor der äußeren Menschheit. Aber noch mehr als durch die Regeln waren diese Geheimnisse eigentlich geschützt durch gewisse Grundeigenschaften der allgemeinen Menschheit der alten Zeiten, indem ja die allgemeine Menschheit sie nicht hätte verstehen können. Dadurch blieben diese Mysterien geschützt, und das war ein viel stärkerer Schutz, dieser Unverstand, als irgendwelche äußere Regel. Im Grunde ist, gerade durch gewisse Eigentümlichkeiten der materialistischen Zeit, dies für gewisse Dinge in einem erhöhten Maße der Fall, daß sie eigentlich Geheimnis bleiben. Man spricht damit etwas sehr Ketzerisches aus gegenüber unserem Zeitalter. Es gibt zum Beispiel nichts Geschützteres in mittleren Gegenden Europas als die Fichtesche Philosophie. Nicht daß sie durch strenge Regeln geschützt wird, nicht daß sie Geheimnis geblieben ist, denn die Fichteschen Lehren sind gedruckt, werden auch gelesen; aber verstanden werden sie nicht, sie sind Geheimnisse. Und so ist vieles, was sich der allgemeinen Entwickelung einfügen muß, Geheimwissen, so gibt es vieles, das Geheimnis bleibt, obwohl es öffentlich an den Tag tritt.

Nun gibt es aber nicht nur in dieser Beziehung eine Eigentümlichkeit in der Menschheitsevolution, sondern auch in einer ganz anderen Beziehung – und dies ist für diejenigen Gesichtspunkte wichtig, mit denen wir uns der Bhagavad Gita zu nähern haben –: Alles, was man nennen kann die Gefühls-, Gemüts-, Empfindungsstimmung des alten Indien, aus der erwachsen ist die Bhagavad Gita, war im Grunde in seiner völligen Geistigkeit auch nur dem Verständnis von wenigen zugänglich. Nun bleibt – und da ist wiederum eine Eigentümlichkeit der menschlichen Entwickelung, die ganz weisheitsvoll ist, wenn man sie zunächst auch paradox findet –, nun bleibt dasjenige, was ein Zeitalter durch wenige Menschen hervorgebracht hat, auch dann, wenn es mehr übergeht in die allgemeine Bevölkerung, seiner eigentlichen Tiefe nach ein Geheimnis. Auch für die Zeitgenossen, für die Anhänger, ja für das ganze Volk, welches zugehörig diesem Geistesgipfel ist, blieb die Lehre und namentlich gerade die, welche durch die Bhagavad Gita enthüllt wird, ein Geheimnis, und auch der Nachwelt blieb die eigentliche Tiefe dieser Geistesströmung unbekannt. Man entwickelte zwar in der Folgezeit einen gewissen Glauben daran, vielleicht auch eine große Begeisterung, aber man entwickelte nicht ein wirklich tiefer eingehendes Verständnis. Weder die Zeitgenossen noch die Nachwelt entwickelten ein eigentliches Verständnis. Wiederum hatten nur einige wenige in den Zwischenzeiten ein wirkliches Verständnis. Das bewirkt aber, daß in dem Urteil der Nachwelt sich in einem ungeheuren Maße fälscht dasjenige, was einmal als eine solche besondere Geistesströmung da war.

Man kann in der Regel bei den Nachkommen eines Volkes nicht suchen den Zugang zum Verständnis dessen, um was es sich handelt. Man kann zum Beispiel heute in den Grundempfindungen und Gefühlen der Inder nicht das wirkliche Verständnis suchen für die geistige Strömung, welche die Bhagavad Gita im tiefsten Sinne durchdringt. Begeisterung, einen mit Gemüt und Empfindung durchdrungenen Glauben dafür, wird man im reichsten Maße finden, aber das tiefe Verständnis nicht. Das gilt aber nicht nur für diese alten Zeiten, sondern besonders auch für das eben abgelaufene Zeitalter vom 14., 15. Jahrhundert an bis ins 19. Jahrhundert. Da gilt es in besonderem Maße sogar gerade für die Bekenner, für die Anhänger. Es ist ja eine Anekdote, die aber eine tiefe Wahrheit enthält – wie es oft bei Anekdoten ist –, daß ein großer Denker Europas gesagt haben soll bei seinem Tode: Nur einer hat mich verstanden, und der hat mich mißverstanden. – Eine Anekdote, aber eine tiefe Wahrheit! So kann man sagen: Es gibt auch für dieses abgelaufene Zeitalter etwas an geistiger Substanz, das eine Höhe darstellt, das aber im weitesten Umkreise seiner eigentlichen Natur nach unbekannt geblieben ist schon bei den Zeitgenossen. Das hängt zusammen mit etwas, worauf ich gerne aufmerksam machen möchte.

Es wird ganz gewiß heute im Umkreise der morgenländischen, indischen Bevölkerung mancher sehr gescheite Kopf zu finden sein, ganz außerordentlich gescheite Köpfe, aber die ganze Konfiguration ihres Fühlens und Empfindens hat sie schon entfernt von dem Verständnis derjenigen Gefühle, die von der Bhagavad Gita ausgeströmt sind. Das sind die einen. Auf der anderen Seite kommt zu diesen Menschen von der westländischen Kultur nur dasjenige, was nicht die Tiefen enthält, was nur ein oberflächlich gewordenes Verständnis darbietet. Dadurch kommt zweierlei zustande. Das eine, was kommen kann, ist, daß bei der morgenländischen Bevölkerung, und namentlich bei den Nachkommen der Bhagavad Gita-Menschen, sich entwickeln kann etwas, das ihnen ganz gut das Gefühl geben kann, wenn sie ansehen, was aus der veroberflächlichten westländischen Kultur kommt: Diese Kultur steht weit hinter dem zurück, was in der Bhagavad Gita schon gegeben ist. Denn für die Bhagavad Gita haben sie doch noch mehr Zugänge als für dasjenige, was tiefer in dem abendländischen Geistesleben liegt. Deswegen müssen wir begreifen das Urteil vieler Inder, für die dasjenige, was wir an Geisteskultur haben, etwas ungeheuer Überraschendes ist. Es gibt aber auch noch andere Inder, welche gerade die Tiefen der westländischen Geisteskultur aufnehmen möchten. Es gibt ganz gewiß indische Köpfe, welche gerne bereit wären, aufzunehmen solche Geistessubstanz, wie sie uns entgegentreten kann, wenn wir zusammenfassen – wir könnten viele Denker oder sonstige geistige Menschen nennen –, wenn wir zusammenfassen Solovieff, Hegel und Fichte. Viele indische Denker gibt es, die diese Geistessubstanz aufnehmen möchten. An einem besonderen Punkte konnte ich selbst eine gewisse Erfahrung machen. Ganz im Anfange der Zeit, als wir unsere deutsche Sektion gegründet hatten, schickte mir, und auch vielen anderen Europäern, ein indischer Denker eine Abhandlung. In dieser Abhandlung suchte er sozusagen dasjenige, was indische Philosophie darbietet, in einer gewissen Weise zu verbinden mit gewichtigen europäischen Vorstellungen, wie man sie gewinnen könnte in ihrer Wahrheit, wenn man tiefer eingehen würde auf Fichte und Hegel. Aber mit der ganzen Abhandlung war nichts anzufangen, denn trotz alles ehrlichen Strebens dieser Persönlichkeit – es soll gar nichts gegen dieses Streben gesagt werden, nein, es soll gelobt werden, aber die Tatsachen sind einmal so –, trotz alles ehrlichen Strebens stellte sich für denjenigen, der den Zugang hat zu den wirklichen Fichteschen und Hegelschen Vorstellungen, das, was der indische Denker da hervorbrachte, wie ein rechter Dilettantismus heraus. Es war nichts anzufangen mit der Abhandlung, und das ist eine ganz natürliche Erscheinung.

Wir können sagen: Da haben wir eine Persönlichkeit vor uns, die sich ehrlich bemüht, einzudringen in eine ganz andere, für sie spätere Geistesrichtung, aber sie kann nicht durch die Hindernisse hindurch, welche die zeitliche Entwickelung geschaffen hat. Wenn sie aber ein Eindringen doch versucht, so kommt unwahres und unmögliches Zeug zustande. Ich habe später von einer anderen Persönlichkeit, die unbekannt ist mit demjenigen, was eigentlich europäische Geistesentwickelung in ihren Tiefen ist, einen Vortrag gehört, der in Anlehnung an diesen indischen Denker gehalten war. Es war dies eine europäische Persönlichkeit, die, ganz unbekannt mit den Tiefen europäischer Entwickelung, gelernt hatte dasjenige, was von diesem indischen Denker vorgebracht worden war, und als besondere Weisheit dieses unter ihren Anhängern vorbrachte. Die Anhänger haben natürlich auch nicht gewußt, daß man es zu tun hatte mit etwas, was auf ganz verkehrter verstandesmäßiger Grundlage beruhte. Für denjenigen, der aber eindringen konnte, für den war, was da mitgeteilt wurde von einer europäischen Persönlichkeit, die gelernt hatte von dem Inder, zum An-die-Wände-Heraufkriechen – verzeihen Sie den Ausdruck –, es war einfach schrecklich! Es war ein Mißverständnis, aufgepfropft auf einem anderen Mißverständnis. So schwierig ist es, ein Verständnis zu gewinnen für alles, was die Menschenseele hervorbringen kann. Unser Ideal muß es sein, alle geistigen Gipfelpunkte wirklich zu verstehen. Wenn man dies ins Auge faßt und es durchempfindet, dann wird man auf der einen Seite einen gewissen Lichtstrahl empfangen, wie schwer die Zugänge zur Bhagavad Gita eigentlich sind; auf der anderen Seite aber gibt es Mißverständnisse über Mißverständnisse, die nicht weniger verhängnisvoll sind. Wir begreifen es vollständig im Abendlande, wenn man im Morgenlande aufsieht zu all den alten schöpferischen Geistern der früheren Zeiten, deren Tätigkeit durch die Vedantaphilosophie, durch den Tiefsinn der Sankhyaphilosophie strömt; wir begreifen, wenn der morgenländische Geist mit Inbrunst hinaufsieht zu dem, was sieben, acht Jahrhunderte nach Begründung des Christentums wie in einem Gipfelpunkt in Shankaracharya erscheint; wir begreifen das alles, aber wir müssen es anders begreifen, wenn wir wirklich zu einem tiefen Verständnis kommen wollen. Wir haben es nötig, noch mehr zu begreifen – und das müssen wir jetzt wie eine Art Hypothese aufstellen, denn verwirklicht hat es sich noch nicht –, in der menschlichen Evolution. Nehmen wir einmal an, diejenigen, die da Schöpfer gewesen sind jener großen hohen Geistigkeit, welche die Veden durchströmt, den Vedanta und die Philosophie des Shankaracharya, nehmen wir an, diese Geister würden in unserer Zeit wieder erscheinen mit derselben Geistesbegabung, mit demselben Scharfsinn, mit dem sie dazumal in der Welt gestanden haben, und sie würden erlebt haben geistige Schöpfungen wie die des Solovieff, Hegel und Fichte.

Was würden sie gesagt haben? Wir setzen uns also in den Fall, daß es uns nicht darauf ankommt, was die Bekenner der Vedantaphilosophie, des Shankaracharya sagen, sondern was diese Geister selber gesagt haben würden. Ich bin mir vollkommen bewußt, daß ich etwas sehr Paradoxes jetzt ausspreche, aber wenn man das tut, muß man an das denken, was einmal Schopenhauer geäußert hat: Es ist einmal das Schicksal der armen Wahrheit, daß sie immer paradox werden muß in der Welt, denn sie kann sich nun einmal nicht auf den Thron des Irrtums setzen. Da setzt sie sich denn auf den Thron der Zeit, da wendet sie sich an den Schutzengel der Zeit. Der hat so große, lange Flügelschläge, daß das Individuum darüber hinwegstirbt. – Daher darf man nicht zurückschrecken davor, daß die Wahrheit paradox klingen muß. Das ist paradox, aber eben wahr.

Wenn aufstehen würden die Vedendichter, die Begründer der Sankhyaphilosophie, ja, ich möchte sagen, wenn Shankaracharya selber erlebt hätte im 19. Jahrhundert die Schöpfungen Solovieffs, Hegels, Fichtes, dann würden alle diese Geister gesagt haben: Was wir damals angestrebt haben, wovon wir hofften, daß es uns in unserer hellsichtigen Begabung erscheint, das haben im 19. Jahrhundert Solovieff, Hegel und Fichte geleistet durch die Art selbst ihres Geistes. Wir glaubten, wir müßten hinaufsteigen in hellseherische Höhen. Da hatten wir damals erscheinend, was wie selbstverständlich durch die Seele Hegels, Fichtes, Solovieffs gedrungen ist. – Paradox, aber wahr! Das klingt paradox für die westländischen Menschen, die in einer naiven Unbewußtheit nach den Morgenländern schauen und sich neben sie stellen und dadurch mißverstehen, was im Abendlande ist. Dadurch entsteht folgendes sonderbare, groteske Bild. Wir denken uns die Vedendichter, wir denken uns die Begründer der Sankhyaphilosophie, ja wir denken uns Shankaracharya selber, in Begeisterung hinaufschauend zu Fichte und anderen Geistern, und daneben denken wir uns eine Anzahl von Leuten heute, welche nicht achten die Geistessubstanz Europas und im Staube liegen vor Shankaracharya und seinen Vorgängern, sich aber nicht kümmern um das, was Hegel, Fichte, Solovieff und andere geleistet haben! Das ist ein groteskes Bild, aber ein Bild, das in vollem

Ernst der Wahrheit entspricht. Warum ist das so? Wenn wir alles, was die historischen Tatsachen uns darbieten, betrachten, so können wir diese Tatsachen nicht anders verstehen als durch eine solche Hypothese. Warum ist das so?

Es wird uns erklärlich, wenn wir den Gang der Menschheitsentwickelung betrachten, hinaufschauen zu jenen Zeiten, aus deren Geistessubstanz die Bhagavad Gita strömte. Wie müssen wir uns da den Menschen eigentlich vorstellen? Etwa so können wir seine Seelenverfassung darstellen: Dasjenige, was der Mensch heute in mannigfacher Beziehung vor sich hat im Traumbewußtsein, dieses Vorstellen, dieser Inhalt der Seele, dieses Vorstellen in Bildern, war dazumal das gewöhnliche Vorstellen, das Natürliche, Alltägliche. Wir können also dieses gewöhnliche Bewußtsein der damaligen Zeit Traumbewußtsein nennen, oder besser eigentlich traumhaftes Bewußtsein, traumhaftes Bilderbewußtsein; durchaus nicht so wie auf dem alten Monde, sondern entwickelt. Das war sozusagen die Seelenverfassung, aus der die Seelen hergekommen waren, in der absteigenden Entwickelungslinie. Vorher lag das, was für uns heute schon ganz verdeckt ist als allgemeines Bewußtsein: das Schlafbewußtsein, aus dem aber in alten Zeiten die wie traumhafte Inspiration kam, jenes Bewußtsein, das für die Sphäre unseres Bewußtseins während des Schlafes zugedeckt ist. Es war dieses Bewußtsein etwas, was in das gewöhnliche Bilderbewußtsein dieser alten Menschen sich etwa so hineinstellte, und zwar etwas seltener, wie für uns das Traumbewußtsein. Aber es war noch in einer anderen Weise verschieden in jenen alten Zeiten. Unser Traumbewußtsein heute gibt ja im allgemeinen Reminiszenzen an das gewöhnliche Leben. In jenen alten Zeiten aber, als dieses Bewußtsein noch hineinragte in die oberen Welten, da bot es auch Reminiszenzen der oberen, höheren geistigen Welten. Dann kam dieses immer mehr herunter.

Wer damals strebte in dem Sinne, wie wir es heute durch unsere okkulte Entwickelung tun, der strebte nach etwas ganz anderem. Wenn wir heute unsere okkulte Entwickelung durchmachen, dann sind wir uns bewußt, daß wir einen Weg nach abwärts gemacht haben zum alltäglichen Bewußtsein, und streben nun nach aufwärts.

Diese alten Strebenden strebten auch nach aufwärts. Das Traumbewußtsein stellte für sie den Alltag vor, von da aus strebten sie herauf. Was erreichten sie denn da? Mit aller Anstrengung erreichten sie damals etwas ganz anderes, als wir erreichen wollen. Wenn man dazumal diesen Menschen dargeboten hätte das Buch, das ich in unserer Zeit zu schreiben versuchte: «Wie erlangt man Erkenntnisse der höheren Welten?», dann hätten diese Menschen mit diesem Buche nicht das geringste anzufangen gewußt. Das wäre in der damaligen Zeit eine Torheit gewesen, das hat nur einen Sinn für den heutigen Menschen. Dazumal bezweckte alles, was diese Leute mit ihrem Yoga, mit ihrem Sankhya taten, zu einer Höhe zu gelangen, die wir heute haben in den tiefsten Leistungen der heutigen Zeit, die wir heute haben eben bei Solovieff, Hegel und Fichte. Alles strebte herauf zum ideenhaften Erfassen der Welt. Das macht es, daß derjenige, der die Sache eigentlich durchschaut, keinen rechten Unterschied findet, wenn man absieht von Empfindungen, Einkleidungen und Gemütsstimmung und vom Zeitkolorit, zwischen Solovieff, Hegel, Fichte und der Vedantaphilosophie. Nur war die Vedantaphilosophie damals dasjenige, zu dem man heraufstrebte, heute hat sich das heruntergesenkt für das alltägliche Bewußtsein.

Wenn wir eine Schilderung dieser unserer Seelenverhältnisse geben wollen, dann können wir es in folgender Weise tun. Zunächst haben wir dasjenige, was für den Inder noch hellseherisch durchleuchtet war, für uns aber zugedeckt ist: das Schlafbewußtsein. Dasjenige, was wir anstreben, lag in der Zukunftsdunkelheit für jene alten Zeiten. Das ist die in unserem Sinne zu charakterisierende imaginative Erkenntnis, das vollbewußte, Ich-durchdrungene Bilderbewußtsein, die vollbewußte Imagination, wie ich sie gemeint habe in meinem Buche: «Wie erlangt man Erkenntnisse der höheren Welten?». Das ist zunächst das Abstrakte, was hier hineingefügt werden sollte. Aber es liegt etwas viel Wichtigeres in all dem Abstrakten, es liegt das darinnen, daß sozusagen für den Menschen, wenn er heute nur wirklich energisch sich der in seiner Seele vorhandenen Kräfte bedient, dasjenige, was mit allen Kräften die Menschen der Bhagavad Gita-Zeit anstrebten, auf der Straße zu finden ist. Das ist wirklich auf der Straße zu finden, allerdings nur für einen Solovieff, Fichte, Hegel. Das liegt darinnen; aber es liegt noch etwas anderes darinnen. Das, was heute auf der Straße gefunden wird, wurde damals mit aller Anwendung des Sankhyascharfsinnes und der Yogavertiefung erreicht. Dazu gelangte man mit aller Anstrengung der Seele, mit aller Erhebung des Gemüts.

Und jetzt stellen Sie sich vor, wie eine Sache anders wird für einen Menschen, welcher zum Beispiel auf dem Gipfel eines Berges, auf dem ein Haus ist, lebt und einen herrlichen Ausblick immerfort genießt, und wie ganz anders dieser Ausblick wird für einen Menschen, der ihn noch nie gesehen hat, der ihn vom Tale aus erst mit aller Anstrengung erreichen muß. Wenn man jeden Tag den Ausblick hat, so gewöhnt man sich daran. Nicht im Begriffsinhalt liegt der Unterschied zwischen dem, was Shankaracharya, die Vedendichter und ihre Nachfolger geleistet haben, und dem, was Hegel und Fichte geleistet haben, nicht bei dem Inhalt, sondern darinnen, daß Shankaracharyas Vorgänger vom Tale nach dem Gipfel strebten, und daß ihr Scharfsinn, ihr Sankhyascharfsinn, ihre Yogavertiefung sie dahin führten. In dieser Arbeit, in dieser Überwindung der Seele, liegt das Erlebnis, und dieses Erlebnis machte die Sache, nicht der Inhalt. Das ist das ungeheuer Bedeutsame, das ist dasjenige, was einem in einer gewissen Beziehung zum Troste gereichen kann. Denn das, was der Europäer auf der Straße finden kann, das achtet er nicht. Die Europäer nehmen das lieber in der Form, wie es in der Vedanta- oder Sankhyaphilosophie ihnen entgegentritt, weil sie dann unbewußt doch schätzen die Anstrengungen, die dazu führen. Das ist das Persönliche an der Sache.

Es ist ein Unterschied, ob man zu einem Inhalte kommt an dem oder jenem Orte, oder ob man aus dem angestrengten Bemühen der Seele dahin kommt. Es ist etwas ganz anderes, ob man zu einem Inhalte auf diese oder jene Weise gelangt, denn die Arbeit der Seele ist es, was der Sache das Leben gibt. Das müssen wir bedenken. Heute ist auf der Straße zu finden, allerdings nur von Menschen wie die genannten Geister, was dazumal durch Shankaracharya und durch Yogavertiefung allein erlangt wurde. Da brauchen wir keine abstrakten Kommentare, da brauchen wir nur die Möglichkeit, uns umzustellen, erst hinein uns zu versetzen in das lebendige Empfinden von dazumal. Dann aber beginnen wir auch zu verstehen, daß die äußeren Ausdrücke selbst, das Äußere der Ideen ganz anders noch erlebt wurde von den Menschen jener Zeit, als es noch von uns durchlebt werden kann. Nicht um abstrakte Kommentare zu geben, die pedantisch und schulmeisterlich sind, sondern um zu zeigen, wie die ganze Konfiguration des Fühlens und Empfindens anders war in der Bhagavad Gita als jetzt, muß, jedoch nicht äußerlich philologisch, studiert werden, wie das eigentlich sich ausnimmt, was dem Empfinden, dem Fühlen, der Gemütsstimmung einer Seele angehört aus der Zeit, in die wir die Bhagavad Gita zu versetzen haben, einer Seele, die sich dazumal in die Bhagavad Gita hineinlebte. Trotzdem das ideenhafte Erklären der Welt, graphisch gesprochen, heute unten liegt – das, was damals oben gelegen hat –, trotzdem beides dasselbe ist: die Ausdrucksform ist eine andere, der Gedankeninhalt ist derselbe. Wer bei dem abstrakten Gedankeninhalte stehenbleiben mag, der wird finden, daß das Verständnis ganz leicht ist. Wer aber das Erleben nacharbeiten will, der wird das nicht finden, der wird sich bemühen müssen, den Weg mitzumachen, mitzufühlen. Auf diesem alten Wege erst entstanden solche Begriffe, deren Verständnis wir uns heute nur zu leicht machen: das sind die drei Begriffe – und ich lege gar keinen Wert darauf, wie sie als Begriffsideal enthalten sind in der Bhagavad Gita –, das sind die drei Begriffe, die in die Worte eingeflossen sind: Sattva, Rajas, Tamas.

Was liegt eigentlich in diesen Worten? Ohne daß man lebendig mitfühlt mit dem, was in diesen Worten empfunden wurde, kann man keiner Zeile der Bhagavad Gita, namentlich der späteren Partien, mit dem richtigen Gefühlston folgen. Es ist auf einer höheren Stufe das Nicht-sich-hinein-fühlen-Können in diese Begriffe ungefähr so, wie wenn man ein Buch in einer Sprache lesen wollte, die man gar nicht versteht. Da handelt es sich nicht darum, durch einen Kommentar einen Begriff aufzusuchen, sondern daß man die Sprache lernt. So handelt es sich hier nicht darum, auf kommentarhafte, schulmeisterliche Art zu interpretieren die Worte Sattva, Rajas und

Tamas. In diesen Worten liegt das Empfinden der Bhagavad Gita-Zeit, etwas ungeheuer Bedeutsames, gleichsam ein Weg, der zum Verständnis der Welt und ihrer Erscheinungen führte. Wenn man diesen Weg charakterisieren will, muß man sich von vielem frei machen, was nicht bei den genannten Geistern zu finden ist, bei Solovieff, Hegel und Fichte, aber was in dem verknöcherten sonstigen abstrakten abendländischen Denken liegt. Mit Sattva, Rajas, Tamas ist gemeint eine Art, wie man sich hineinleben kann in die verschiedenen Zustände des Weltendaseins, wie man auf den verschiedensten Gebieten dieses Weltendaseins sich hineinleben kann. Es würde falsch, abstrakt sein, wenn man ganz auf der Basis des alten indischen Empfindens diese Worte interpretieren wollte. Es macht sich leichter, wenn man sie im wahren Sinne des damaligen Lebens nimmt, aber möglichst aus Erfahrungen unseres eigenen Lebens. Es ist besser, das äußere Kolorit dieser Begriffe in freier Weise aus unserem eigenen Erleben zu nehmen.

Sehen wir einmal auf die Art des Hineinlebens, die der Mensch vollzieht, wenn er verständnisvoll eingehen will auf die drei Naturreiche um ihn herum. Das ganze erkennende Verhalten zu den drei Naturreichen ist ja bei jedem einzelnen Naturreich verschieden. Ich will kein erschöpfendes Begreifen dieser Worte, ich will ein Sich-Nähern zu diesen Begriffen hervorrufen. Wenn der Mensch dem Mineralreich heute gegenübersteht, so bekommt er ein Gefühl, daß er durch sein Denken dieses Mineralreich mit seinen Gesetzen durchdringt, er lebt mit ihm gewissermaßen zusammen. Dieses Verständnis würde man in den alten Zeiten der Bhagavad Gita ein Sattvaverständnis des Mineralreiches nennen. Verständnis des Mineralreiches würde also ein Sattvaverständnis sein. – Heute ist es bei dem Pflanzenreich schon anders; da wird uns immer der Widerstand geleistet, daß wir mit unserem heutigen Verständnis nicht in das Leben dringen können. Die Naturreiche physisch und chemisch zu untersuchen und zu analysieren, das zu begreifen bedeutet heute ein Ideal. Einige Phantasten glauben allerdings heute, indem sie beliebig viel nach der äußeren Form hervorbringen, so daß das ähnlich ausschaut dem Generationsprozeß, daß sie der Idee des

Lebens nähergekommen seien. Das ist aber eine Phantasterei. Nicht bis zum Leben heran dringt der Mensch erkennend ein in das Pflanzenreich; er dringt also nicht so absolut ein in das Pflanzenreich wie in das Mineralreich. Das Leben im Pflanzenreich kann man heute nur anschauen. Was man aber nur anschauen kann, worauf man mit seinem Verständnis nicht eingehen kann, das ist Rajasverständnis. – Wenn wir zu den Tieren kommen, ist die Sache wieder anders. Jene Form des Bewußtseins, die im Tier ist, entzieht sich uns weit mehr noch für das gewöhnliche Verständnis als das Leben der Pflanze. Was das Tier eigentlich lebt, wird nicht mit dem Erkennen erreicht. Das Verständnis, das der Mensch heute mit seiner Wissenschaft der Tierheit entgegenbringt, ist ein Tamasverständnis.

Es sei in bezug auf das Verständnis des Menschen, wie er sich zu verhalten hat zu den Worten Sattva, Rajas und Tamas, noch ein Charakteristisches angeführt. Es gibt noch eine andere Seite des Verständnisses für den heutigen Menschen. Allerdings muß da ein Verständnis eintreten, das nicht nur nach Begriffen charakterisiert. Wenn man die wissenschaftlichen Vorstellungen von den Tätigkeitsformen der lebenden Wesen herannimmt, kommt man niemals zu einem Verständnis. Schlaf zum Beispiel ist nicht dasselbe beim Menschen und im Tierreich. Wenn man den Schlaf definiert, hat man nicht viel mehr getan, als wenn man ein Messer, das zum Rasieren oder Bleistiftspitzen gebraucht wird, für dasselbe hält wie ein Messer, das man zum Fleischschneiden braucht. Wenn wir uns aber ein Verständnis offenhalten und uns noch von anderer Seite her den Begriffen Tamas, Rajas und Sattva nähern, so können wir aus unserem heutigen Leben noch etwas anderes anführen. Die Menschen nähren sich von verschiedenen Dingen, von Tieren, Pflanzen und Mineralien. Diese verschiedenen Nahrungsmittel wirken natürlich auch verschieden auf die Konstitution des Menschen. Wir nähern uns wirklich dem Verständnis von Tamas, Rajas und Sattva, wenn wir bedenken, daß der Mensch sich mit Sattvazuständen durchdringt, wenn er Pflanzen ißt. Wenn er sie aber begreifen will, sind sie für ihn ein Rajaszustand. Für die Ernährung ist also das Aufnehmen des Pflanzlichen der Sattvazustand; das Aufnehmen des

Mineralischen, der Salze und so weiter ist der Rajaszustand; der Zustand, der durch das Fleischessen bewirkt wird, ist der Tamaszustand. Wir können also die Reihenfolge nicht beibehalten, wenn wir ausgehen von einer abstrakten Definition. Wir müssen uns unsere Begriffe beweglich erhalten. Das ist nicht gesprochen, um bei denen einen Horror zu bewirken, die gezwungen sind, Fleisch zu essen. Ich werde Ihnen auch gleich ein anderes Gebiet nennen, wo das wieder anders ist.

Nehmen wir an, jemand will aufnehmen die Außenwelt nicht durch gewöhnliche Wissenschaft, sondern durch das für unsere Zeit richtige Hellsehen, und nehmen wir an, ein solcher Mensch sei im Zustande des Hellsehens, und bringe dann die Erscheinungen und Tatsachen der Umwelt in sein hellsichtiges Bewußtsein hinein. Da müssen diese Erscheinungen und Tatsachen einen Zustand hervorrufen wie die Erscheinung des gewöhnlichen Verständnisses für die drei Naturreiche: also Sattva-, Rajas- und Tamaszustände. So rufen die Erlebnisse, die in das hellsichtige Erkennen kommen, Zustände in der Menschenseele hervor. Und zwar dasjenige, was in das reinste hellsichtige Erkennen kommen kann, was schon dem geläuterten Hellsehen entspricht, das ruft den Tamaszustand hervor. Tamaszustand wird hervorgerufen durch das geläuterte – nicht im moralischen Sinne geläuterte – Hellsehen. Und ein Mensch, der wirklich rein äußerlich schauen will die geistigen Dinge, mit dem von uns heute zu erlangenden Hellsehen, der muß sich durch die hellsichtige Tätigkeit den Tamaszustand herstellen. Und dann fühlt er, wenn er mit der Erkenntnis wieder zurückkommt in die gewöhnliche Welt, in der er jetzt augenblicklich auch seine hellseherische Erkenntnis vergißt, und dann in einen neuen Zustand der Erkenntnis kommt, daß er in diesem Zustande in dem Sattvazustande ist. Sattvazustand ist also das alltägliche Erkennen in unserer heutigen Zeit. Und in dem Zwischenzustande des Glaubens, des Bauens auf Autorität, ist man im Rajaszustand. Wissen in hohen Welten bewirkt in den Menschenseelen den Tamaszustand; Wissen in der gewöhnlichen Umwelt den Sattvazustand, Glaube, Bauen auf Autorität, Bekenntnis bewirkt Rajaszustand. Wir sehen: Wer durch seine Organisation gezwungen ist, Fleisch zu essen, braucht sich wirklich nicht davor zu entsetzen, daß das Fleisch ihn in einen Tamaszustand versetzt, denn das wird man auch durch das geläuterte Hellsehen.

Was ist der Tamaszustand für ein Zustand? Der Tamaszustand ist derjenige Zustand, in dem durch naturgemäße Vorgänge irgendein Äußeres am meisten von dem Geiste befreit ist. Wenn wir den Geist als Licht bezeichnen, so ist der Tamaszustand der lichtlose Zustand, der finstere Zustand. So lange unser Organismus nun auf naturgemäße Weise von Geist erfüllt ist, sind wir im Sattvazustand, dem Zustand, in dem auch unsere Erkenntnis der äußeren Welt ist. Wenn wir schlafen, sind wir im Tamaszustand, aber wir müssen diesen Zustand im Schlaf herbeiführen, damit eben unser Geist von unserem Leibe sich entfernen kann, damit er in die höhere Geistigkeit um uns eindringen kann. Will man zu den höheren Welten kommen – das sagt schon der Evangelist –, was die Finsternis des Menschen ist, so muß die Natur des Menschen im Tamaszustande sein. Weil die Menschen aber im Sattvazustand sind, nicht im Tamas-, im finsteren Zustand, sind die Worte des Evangelisten: «Das Licht scheinet in der Finsternis, und die Finsternis hat es nicht begriffen», etwa zu übersetzen: Und das höhere Licht drang heran an den Menschen. Der war aber von einem naturgemäßen Sattva erfüllt und ließ es nicht heraus, deshalb konnte das höhere Licht nicht hinein, denn das höhere Licht kann nur in die Finsternis scheinen. – Weil das so ist, daß sich sozusagen die Begriffe fortwährend umdrehen, wenn wir bei so lebendigen Begriffen wie Sattva, Rajas und Tamas nach Erkenntnis suchen, deshalb müssen wir uns daran gewöhnen, diese Zustände nicht absolut zu nehmen. Es gibt kein absolutes Tiefer oder Höher bei der richtigen Auffassung der Welt, sondern nur im relativen Sinne.

Ein europäischer Gelehrter hat Anstoß daran genommen. Es war ein Gelehrter, der selbst Tamas mit «Finsternis» übersetzte, er hat Anstoß daran genommen, daß ein anderer Sattva mit «Licht» übersetzte. Er übersetzt Sattva mit «Güte». In solchen Dingen drücken sich alle Quellen der Mißverständnisse richtig aus, denn wenn der Mensch im Tamaszustand, gleichgültig ob er schläft oder im hellsichtigen Erkennen ist – wir wollen nur diese zwei Fälle nehmen, wo der Mensch im Tamaszustande ist –, dann ist er in der Tat in bezug auf das Äußere in der Finsternis. Daher hatte das alte Indertum recht. Es konnte aber nicht ein Wort nehmen wie «Licht» statt des Wortes «Sattva». Man darf immer Tamas mit «Finsternis» übersetzen, doch ist in bezug auf die äußere Welt der Sattvazustand kein solcher, der immer einfach mit «Licht» interpretiert werden könnte. Wenn wir davon sprechen, daß wir das Licht charakterisieren wollen, so ist es ganz richtig, daß man die hellen Farben im Sinne der Sankhyaphilosophie – Rot, Orange, Gelb – die Sattvafarben nennt. Man muß aber in diesem Sinne die Farbe Grün eine Rajasfarbe und die Farben Blau, Indigo, Violett Tamasfarben nennen. Das ist absolut richtig. Man kann sagen: Lichtwirkungen, Helligkeitserscheinungen gehören im allgemeinen unter den Begriff der Sattvawirkung, aber unter den Begriff der Sattvaerscheinungen gehört zum Beispiel auch Güte des Menschen, liebevolles Verhalten des Menschen. Licht gehört zwar unter den Sattvabegriff, dieser Begriff ist aber weiter, Licht ist nicht eigentlich mit ihm identisch. Daher ist es falsch, Sattva mit «Licht» zu übersetzen, aber durchaus möglich ist es, Tamas mit «Finsternis» zu übersetzen. Es ist auch nicht richtig zu sagen, daß «Licht» den Sattvabegriff nicht trifft. Aber der Tadel, den der andere Gelehrte angedeihen läßt einem Menschen, der vielleicht ganz gut sich dessen bewußt ist, ist auch wieder nicht berechtigt, aus dem einfachen Grunde, weil schließlich, wenn jemand sagt: Hier ist ein Löwe –, niemand ihn in der Weise belehren würde, daß er ihm auseinandersetzt: Nein, hier ist ein Raubtier. – Beides ist richtig. Das trifft den Nagel auf den Kopf. Es ist durchaus wahr, wenn einer sagt: Hier steht ein Löwe –, daß er auch ein Raubtier vor sich sieht. Ebenso ist es richtig, wenn jemand in bezug auf die äußere Erscheinung Sattva zu dem Lichtvollen zählt, aber falsch ist es, nur zu dem Lichte «Sattva» zu sagen. Sattva ist ein übergeordneter Begriff zu Licht, wie Raubtier ein übergeordneter Begriff zu Löwe ist. Von der Finsternis gilt ein Ähnliches nur aus dem Grunde nicht, weil in dem Zustande des Tamas das, was sonst in den anderen Zuständen, in dem Rajas- und Sattvazustand sich spezifiziert, sich zu etwas mehr

Allgemeinem ausgleicht. Schließlich sind ein Lamm und ein Löwe zwei sehr verschiedene Wesen, und will ich sie charakterisieren in bezug auf ihre Sattvaeigenschaften, wie das naturgemäß kraftvolle Geistige lebendig im Lamm und Löwen besteht, so muß ich diese beiden Tiere sehr verschieden charakterisieren. Will ich aber den Tamaszustand charakterisieren, so kommt das Verschiedene nicht in Betracht, denn der Tamaszustand ist eben einfach da, wenn das Schaf oder der Löwe faul daliegt. Im Sattvazustande sind Lamm und Löwe recht verschieden, aber für das Weltverstehen ist Löwenfaulheit und Lammfaulheit schließlich doch dasselbe. Die Möglichkeit, auf die Begriffe wirklich zu sehen, wird ganz anders werden müssen. Es gehören in der Tat diese drei Begriffe mit den Gefühlstönen, die darinnen sind, zu dem Allerlichtvollsten des Sankhya. Und in allem, was Krishna dem Arjuna vorbringt, so daß er sich darstellt als der Begründer des selbstbewußten Zeitalters, in alldem muß er sprechen in Worten, die ganz durchdrungen sind von den Gefühlstönen, die hergenommen werden von den Begriffen Sattva, Rajas, Tamas. Von diesen drei Begriffen und von demjenigen, was dann zu einem Gipfel führt in der Bhagavad Gita, sei dann noch im letzten Vortrage dieses Zyklus genauer gesprochen.

NEUNTER VORTRAG

Helsingfors, 5. Juni 1913

Die Schlußpartien der Bhagavad Gita werden durchströmt von Empfindungen und Gefühlen, die durchdrungen sind von Sattva-, Rajas- und Tamasbegriffen. Es muß in diesen letzten Partien der Bhagavad Gita gleichsam das ganze auffassende Empfinden eingestellt sein darauf, die Dinge, die einem da entgegentreten, im Sinne der Ideen von Rajas, Sattva und Tamas aufzufassen. Im vorigen Vortrage versuchte ich mehr mit Zuhilfenahme von Erlebnissen der Gegenwart diese drei wichtigen Begriffe zu zeichnen. Derjenige freilich, der die Bhagavad Gita vornimmt und sich in all das vertieft, der muß sich klar sein darüber, daß seit jener Zeit, in welcher die Bhagavad Gita entstanden ist, sich die Begriffe etwas verschoben haben. Aber es würde dennoch nicht richtig gewesen sein, rein aus den wörtlichen Übertragungen der Bhagavad Gita die Begriffe Sattva, Rajas, Tamas zu charakterisieren, aus dem einfachen Grunde, weil ja unsere Empfindungen verschieden sind von jenen und man doch nicht sich die ganz anderen Empfindungen aneignen kann. Wenn man so charakterisieren wollte, so würde man doch das Unbekannte durch das Unbekannte charakterisieren.

So werden Sie finden, daß in bezug auf das Essen zum Beispiel in der Bhagavad Gita ein wenig verschoben sind die Begriffe, die wir im vorigen Vortrage entwickelt haben, weil alles das, was für den heutigen Menschen von der Pflanzennahrung gilt, für den Inder von jener Nahrung galt, die Krishna die milde sanfte Nahrung nennt, während die Rajasnahrung, die wir als die mineralische Nahrung charakterisierten, wie es für den jetzigen Menschen richtig ist – Salz gibt zum Beispiel den Charakter einer Rajasnahrung –, der Inder zur Bhagavad Gita-Zeit als das Sauere, das Scharfe bezeichnete. Und Tamasnahrung ist für unsere Organisation im wesentlichen die Fleischnahrung. Der Inder bezeichnete damit eine Nahrung, die in unserer Zeit überhaupt nicht recht als Nahrung aufzufassen ist, die allerdings eine gute Vorstellung gibt, wie anders die Menschen damals waren: Der Inder bezeichnete als Tamasnahrung das Faulgewordene, Abgestandene, Stinkende. Für unsere heutige Inkarnation würden wir nicht mehr gut das als Tamasnahrung bezeichnen können, denn die Organisation des Menschen hat sich bis in die Physis hinein verändert.

So müssen wir gerade zum besseren Verständnis dieser Grundempfindungen der Bhagavad Gita von Sattva, Rajas und Tamas auf unsere Verhältnisse reflektieren. Und wenn wir dann uns einlassen auf dasjenige, was eigentlich Sattva ist, so nehmen wir am besten zunächst den augenfälligsten Begriff von Sattva: Es ist der Mensch ein Sattvamensch, der in unserer Zeit sich hingeben kann einer Erkenntnis, die so eindringlich ist wie eine Erkenntnis des mineralischen Reiches heute. Für den Inder war ein Sattvamensch nicht ein solcher, der diese Art Erkenntnisse hat, sondern einer, der verständnisvoll, klug im gewöhnlichen Sinne, mit Kopf und Herz durch die Welt geht. Jemand, der unbefangen und vorurteilsfrei das aufnimmt, was ihm die Welterscheinungen darbieten, jemand, der so durch die Welt geht, daß er all sein Gehen durch die Welt mit dem verständnisvollen Auffassen dieser Welt begleitet, indem er das Licht der Begriffe und Ideen, das Licht der Gefühle und Empfindungen, das von aller Schönheit und Herrlichkeit der Welt ausgeht, aufnimmt, jemand, der allem Häßlichen der Welt ausweicht, der eben in richtiger Weise sich ausbildet, jemand, der das tut der physischen Welt gegenüber, ist ein Sattvamensch. Auf leblosem Gebiete zum Beispiel ist ein Sattvaeindruck der Eindruck einer nicht zu grellen Fläche, so beleuchtet, daß sie uns unterscheiden läßt die Einzelheiten der Farben in einer richtigen Helligkeit und dabei hellfarbig ist. Eine solche Fläche wäre der Sattvaeindruck von der Außenwelt. Rajaseindruck ist derjenige, wo der Mensch in einer gewissen Weise gehindert ist, durch seine eigenen Emotionen, durch seine Affekte und Triebe, oder auch durch die Sache selber, vollständig in die Sache einzudringen, in das, was er um sich hat, so daß er sich nicht hineinbegibt in den Eindruck, sondern ihm gegenübertritt mit dem, was er ist. Er lernt zum Beispiel das Pflanzenreich kennen: er kann das Pflanzenreich bewundern, aber er bringt seine Emotionen dem Pflanzenreiche entgegen und kann deshalb nicht in die Untergründe des Pflanzenreiches eindringen. Tamas ist da, wenn der Mensch ganz hingegeben ist dem Leben seiner Leiblichkeit, stumpf und apathisch ist demjenigen gegenüber, was um ihn ist, so stumpf und apathisch, wie wir einem anderen Bewußtsein gegenüber hier auf dem physischen Plan sind. Wir wissen nichts von dem Bewußtsein eines Hundes, eines Pferdes, solange wir auf dem physischen Plan verweilen, auch nicht einmal von dem Bewußtsein eines anderen Menschen. Da ist der Mensch im allgemeinen stumpf, da zieht er sich sozusagen in seine eigene Leiblichkeit zurück, da ist er in Tamaseindrücken. Der Mensch muß allmählich so stumpf werden der physischen Welt gegenüber, damit er die geistigen Welten hellsehend aufnehmen kann. So werden sich uns die Begriffe von Sattva, Rajas, Tamas am besten ergeben. In der äußeren Natur wäre ein Rajaseindruck der Eindruck einer mäßig hellen Fläche, nicht in heller Farbe, sondern etwa grün, eine gleichmäßig grüne Nuance. Eine dunkle Fläche mit dunklen Farben wäre ein Tamaseindruck. Da, wo der Mensch in die äußerste Finsternis des Weltenraumes hinausschaut, bringt er es, selbst wenn sich ihm der herrliche Anblick des freien Himmelsgewölbes darbietet, zu nichts anderem als zu der blauen, fast Tamasfarbe. Durchdringen wir uns mit den Empfindungen, die diese Ideenbestimmungen darbieten, dann können wir sie auf alles, was uns umgibt, anwenden, nicht nur in dem einen oder anderen Gebiete. Tatsächlich sind diese Ideen umfassend. Und das bedeutet für den Inder der Bhagavad Gita-Zeit nicht nur ein gewisses Verständnis der Außenwelt selber, sondern auch ein gewisses Beleben des menschlichen Innenkernes: Bescheid zu wissen über die Sattva-, Rajas- und Tamasnatur der Umgebung.

Der Inder empfand ungefähr in der folgenden Weise. Durch einen Vergleich will ich das klarmachen: Nehmen wir an, ein einfacher, primitiver Mensch vom Lande sieht um sich herum die Natur, die Schönheit der Morgenröte, die Schönheit der Sonne, der Sterne, all dessen, was er eben sehen kann, aber er denkt nicht darüber nach, er macht sich keine Vorstellungen und Begriffe der Welt; gleichsam im innigsten Einklang mit dem, was ihn umgibt, lebt er dahin. Wenn er anfängt sich zu unterscheiden mit seiner Seele von dem, was ihn umgibt, wenn er anfängt sich als Eigenwesen zu empfinden, dann muß er das dadurch erreichen, daß er durch Vorstellungen von der Umgebung verstehen lernt seine Umgebung, daß er lernt sich abzusondern von der Umgebung. Es ist immer eine Art von Ergreifen der Wirklichkeit des eigenen Wesens, wenn man objektiv die Umgebung hinstellt. Der Inder der Bhagavad Gita-Zeit sagte: Solange man nicht durchschaut Sattva-, Rajas- und Tamaszustände der Umgebung, solange lebt man noch in seiner Umgebung, solange ist man in seinem Eigenwesen nicht selbständig da, solange ist man verbunden mit der Umgebung, solange hat man sich nicht ergriffen in seinem Eigenwesen. Wenn aber einem die Umgebung so objektiv wird, daß man sie überall verfolgt: das ist ein Sattvazustand, das ist ein Rajaszustand, und das ist ein Tamaszustand, dann wird man auch von ihr freier und immer freier und daher selbständiger in seinem Wesen. Daher ist es ein Mittel zum Selbständigwerden, in aller äußeren Natur, in allem, was außerhalb des Geistes und der menschlichen Seele lebt, diese drei Zustände kennenzulernen. Ein Mittel, den Zustand des Selbstbewußtseins herbeizuführen, ist, zu begreifen in allem, was uns umgibt, Sattva, Rajas, Tamas. Und im Grunde genommen kommt es dem Krishna darauf an, frei zu bekommen des Arjuna Seele von dem, was den Arjuna gerade in der entsprechenden Zeit umgibt. «Sieh einmal an», so will Krishna klarmachen, «was da alles lebt auf dem blutigen Schlachtfelde, wo Brüder den Brüdern gegenüberstehen. Du fühlst dich mit alle dem verbunden, verschmolzen und dazugehörig. Lerne erkennen, daß alles, was da draußen ist, sich abspielt in Sattva-, Rajas- und Tamaszuständen. Dadurch wirst du dich davon abheben, unterscheiden, dadurch wirst du wissen, daß du nicht mit deinem höchsten Selbst dazugehörst, dadurch wirst du dein besonderes, von allem abgesondertes Wesen in dir erleben, du wirst den Geist in dir erleben.»

Das gehört wieder zu den Schönheiten der kompositionellen Steigerung der Bhagavad Gita, daß wir am Anfange eingeführt werden, um mehr abstrakte Begriffe zu erfahren, daß diese abstrakten Begriffe aber immer lebendiger und lebendiger werden und sich auf den verschiedensten Gebieten in Sattva-, Rajas- und Tamasbegriffen lebendig gestalten, und dann die Absonderung des Seelenwesens von

Arjuna sich gleichsam vor unserem geistigen Auge vollzieht. So erklärt Krishna dem Arjuna, man müßte loskommen von alledem, was in diesen drei Zuständen verläuft, loskommen von alledem, worin sonst die Menschen verschlungen und verwoben sind. Sattvamenschen gibt es, die sind mit dem Dasein so verwoben, daß sie an demjenigen hängen, was sie aus der Umwelt ziehen an glückbringender Seligkeit. Diese Sattvamenschen durcheilen die Welt so, daß sie durch ihre glückliche Seligkeit saugen können aus allen Dingen, was sie selig macht. Rajasmenschen sind Menschen, die fleißig sind, Taten tun, aber sie tun diese Taten, weil eine gute Tat oder diese oder jene Tat diese oder jene Folgen hat; sie hängen an den Folgen der Tat, sie hängen an der Tatenlust, das heißt an dem Eindruck, den die Tat macht. Die Tamasmenschen hängen an der Nachlässigkeit, Bequemlichkeit, Faulheit; sie wollen eigentlich nichts tun. – So teilen sich die Menschen, und diejenigen Menschen, die mit ihrem Geiste, mit ihrer Seele verwoben sind in die äußeren Zustände, gehören zu einer dieser Gruppen. Aber du sollst einen Einblick erhalten in das anbrechende Zeitalter des Selbstbewußtseins, du sollst absondern lernen deine Seele, du sollst weder ein Sattvamensch, noch ein Rajasmensch, noch ein Tamasmensch sein. – Dadurch ist der Krishna in der Bhagavad Gita der große Lehrer des menschlichen selbständigen Ich, daß er so vorführt die Absonderung des Ich von den Zuständen der Umgebung. Und auch gewisse Seelenbetätigungen erklärt der Krishna dem Arjuna, nach den Zuständen Sattva, Rajas und Tamas verlaufend. Wenn aber der Mensch seinen Glauben hinauflenkt zu demjenigen, was die schöpferischen Gottwesen der Welt sind, so ist er ein Sattvamensch. Aber gerade in der damaligen Zeit, in welcher die Bhagavad Gita entstand, gab es Menschen, die gewissermaßen gar nichts wußten von den führenden göttlich-geistigen Wesenheiten, die ganz hingen an den sogenannten Naturgeistern, an jenen Geistern, die hinter den unmittelbaren Naturwesenheiten stehen: das sind die Rajasmenschen, die nur bis zu den Naturgeistern kommen. Die Tamasmenschen sind diejenigen, die in ihrer Weltkenntnis kommen zu dem, was man gespenstisch nennen kann, das dem Materiellen in seiner Geistigkeit am nächsten steht.

Also auch in bezug auf das religiöse Fühlen sind die Menschen einzuteilen in Sattvamenschen, Rajasmenschen und Tamasmenschen. Wir würden in unserer Zeit sagen können, wenn wir diese Begriffe anwenden wollen auf das religiöse Gefühl: Die zur Anthroposophie strebenden Menschen sind Sattvamenschen – ohne Schmeichelei –. Diejenigen Menschen, welche einem äußeren Glauben anhängen, sind Rajasmenschen. Und die, welche entweder materiell oder spirituell nur Körperhaftes glauben, die Materialisten und Spiritisten, sind Tamasgläubige. Der Spiritist fordert ja nicht geistige Wesenheiten, an die er glauben will. Er will ja gewiß an Geister schon glauben, aber er will nicht zu ihnen heraufgehen, er will, daß sie zu ihm herunterkommen, sie sollen klopfen, weil man Klopfen mit physischen Ohren hören kann, sie sollen in Lichtwolken erscheinen, weil man Lichtwolken mit physischen Augen sehen kann; das heißt, sie sollen nicht geistig, sondern materiell ausgestattet sein. In einer gewissen bewußten Weise sind solche Menschen Tamasmenschen. Das ist ganz im Sinne der Tamasmenschen der Krishnazeit. Es gibt auch unbewußte Tamasmenschen: Das sind diejenigen, die materialistische Denker sind, die ableugnen alles Geistige unserer Zeit. Eine materialistische Versammlung redet sich heute ein, daß sie aus Logik am Materialismus festhält. Das ist aber eine Täuschung. Materialisten sind Leute, die nicht aus logischen Gründen, sondern aus Furcht vor dem Geiste Materialisten sind. Aus Ängstlichkeit vor dem Geiste leugnen sie den Geist, weil eben die Logik der unbewußten Seele sie dazu zwingt, die zwar hinaufdringt, aber nicht durch die Pforte des Geistes schreiten kann. Die Furcht vor dem Geiste ist es, und derjenige, welcher die Wirklichkeit überschaut, sieht in einer materialistischen Versammlung, daß jeder Materialist in den Untergründen seiner Seele Furcht vor dem Geiste hat. Materialismus ist nicht Logik, sondern ist Feigheit gegenüber dem Geiste. Und das, was er ausspinnt, ist nichts anderes als das Opiat, um diese Furcht zu betäuben. In Wirklichkeit sitzt jedem Materialisten Ahriman im Genick, der Bringer der Furcht. Es ist eine groteske, aber eine gründlich ernste Wahrheit, die man, wenn man irgendwo in eine materialistische Versammlung geht, erkennt. Wozu ist eine solche Versammlung in Wahrheit einberufen? Die Maya ist, daß die Leute reden von Weltanschauungen. In Wirklichkeit ist sie da, um Ahriman, um den Teufel wirklich zu beschwören, um Ahriman in ihre Gemächer hineinzulocken.

Dieselbe Einteilung in bezug auf die Bekenntnisse gibt auch Krishna dem Arjuna, aber auch in bezug auf die Art, sich praktisch im Gebet zu den Göttern zu verhalten. Man kann des Menschen Seelenverfassung immer nach diesen drei Zuständen charakterisieren. Die Sattva-, Rajas- und Tamasmenschen unterscheiden sich ganz beträchtlich in bezug auf die Art, wie sie zu ihren Göttern stehen. Die Tamasmenschen sind diejenigen, welche Priester sind, deren Priestertum aber aus einer Art von Gewohnheit hervorgeht, die ihr Amt haben, aber keinen lebendigen Zusammenhang mit der geistigen Welt, die daher Aum und Aum und Aum wiederholen, weil eben dies zunächst aus der Dumpfheit, aus dem Tamaszustande des Gemütes hervorströmt. Die Aum-Sager, das sind die Tamasmenschen auf dem Gebiete des Gebetes; sie strömen ihr Subjektives aus in dem Aum. Die Rajasmenschen sind diejenigen, welche hinschauen auf die Umwelt und schon eine Empfindung haben, daß diese Umwelt wie etwas zu ihnen selbst Gehöriges werde, daß diese Umwelt als mit ihnen verwandt verehrt werden müsse. Es sind die Menschen des «Tat», die Menschen, die das «Das», das Weltenall als mit sich verwandt anbeten. Die Sattvamenschen sind diejenigen, die einen Blick haben dafür, daß, was im Inneren lebt, eins ist mit dem, was in aller Welt uns umgibt. Es sind die Menschen, die in ihrem Gebet den Sinn des «Sat», des All-Seins haben, des All-Seins und Eins-Seins außen und innen, die den Sinn haben für das Eins-Sein des Ojektiven und Subjektiven. Daß derjenige, der wirklich frei werden will mit seiner Seele, der weder in der einen noch in der anderen Beziehung bloß ein Sattva-, Rajas- oder Tamasmensch sein will, diese Zustände in sich selbst so verwandeln muß, daß er sie wie ein Kleid an sich trägt, aber darüber mit seinem eigentlichen Selbst herauswächst: das ist es, wovon Krishna sagt, daß es erreicht werden muß. Das ist es ja auch, was Krishna anregen muß als der Schöpfer des Selbstbewußtseins.

So steht Krishna vor Arjuna, ihn lehrend: Betrachte alle Zustände der Welt, betrachte sie mit dem, was dem Menschen das Höchste und Tiefste ist, aber werde vom Höchsten und Tiefsten der drei Zustände frei, werde in deinem Selbst ein dich selbst Ergreifender, lerne erkennen, daß du leben kannst, ohne daß du dich fühlst mit Rajas, Tamas oder Sattva verbunden, lerne! – Das mußte man lernen dazumal, das war ein Anbrechen der Morgenröte, das Selbst frei zu bekommen.

Aber auch auf diesem Gebiete ist dasjenige, was dazumal äußerste Anstrengung sein mußte, heute auf der Straße zu finden. Und daß es auf der Straße zu finden ist, ist vielfach die Tragik des heutigen Lebens. Heute sind die Seelen nur zu häufig, die in der Welt stehen und sich in der Seele verbohren und keinen Zusammenhang finden mit der Außenwelt, die in den Gefühlen und Empfindungen, in ihren inneren Erlebnissen einsame Seelen sind, die weder sich verbunden fühlen mit einem Tamas-, Sattva- oder Rajaszustand, noch frei davon sind, die eigentlich in die Welt hineingeworfen sind wie ein verzweifelt sich drehendes Rad. Diese Menschen, die in sich nur leben und die Welt nicht verstehen können, die unglücklich sind, weil sie mit ihrer Seele ganz abgesondert sind von allem äußeren Dasein, sie stellen die Schattenseite jener Frucht dar, die Krishna bei Arjuna und allen seinen Zeitgenossen und Nachfolgern ausbilden mußte. Dasjenige, was höchstes Streben werden mußte für Arjuna, für viele heutige Menschen ist es höchstes Leid geworden. So ändern sich die aufeinanderfolgenden Zeitalter. Und heute müssen wir sagen: Wir stehen am Ende desjenigen Zeitalters, das eingeleitet wurde damals, als die Bhagavad Gita-Zeit war. Damit ist etwas sehr Bedeutsames für unsere Empfindung gesagt. Es ist aber auch damit gesagt, daß – gerade so wie in der Bhagavad Gita-Zeit diejenigen, die das Selbstbewußtsein suchten, hören sollten, was Krishna dem Arjuna sagte – jene, die heute das Heil ihrer Seele suchen und die am Ende dieses Selbstbewußtseinszeitalters so dastehen, daß dieses Selbstbewußtsein in ihnen bis zur Krankhaftigkeit gesteigert ist, hören sollten auf dasjenige, was wiederum hinführt zu einem Verständnis der drei äußeren Zustände. Was aber führt zu einem Verständnis dieser äußeren Zustände hin?

Setzen wir ein paar Vorstellungen noch voraus, bevor wir diese Fragen beantworten. Fragen wir noch: Was will denn Krishna in der Realität sein für den Arjuna, für den Menschen, der sich in seiner Zeit richtig stellt zu den äußeren Zuständen? Was sagt Krishna in einer wunderbaren Weise, mit aller göttlichen Ungeschminktheit und göttlichen Ungeniertheit? Mit wirklicher göttlicher Unbefangenheit und Ungeniertheit enthüllt Krishna, was er sein will bis zu dieser Zeit.

Wie konnte man denn leben in seiner Seele? Wir haben es dargestellt, wie ein bildhaftes Bewußtsein die Seelen durchhellte, wie darüber schwebte gleichsam, was heute das Selbstbewußtsein ist, das damals die Menschen anstreben mußten und das heute auf der Straße zu finden ist. Fassen wir den Seelenzustand von dazumal, wie er war, bevor Krishna das neue Zeitalter eingeleitet hat, ins Auge. In dem bildhaften Bewußtsein lebten die Seelen innerhalb der Welt, so daß diese nicht klare Begriffe und Ideen hervorrief in den Seelen, sondern Bilder wie die heutigen Traumbilder. Ein gewisses bildhaftes Bewußtsein war die unterste Region des Seelenlebens, die von der oberen Region, von der Region des Schlafbewußtseins aus erhellt wurde durch die Inspiration. So war es mit diesen Seelen, und dann stiegen sie auf in die entsprechenden anderen Zustände. Und dieses Hinaufleben nannte man – und das ist der konkrete Begriff – das Sich-Einleben in Brahma.

Heute von einer Menschenseele verlangen, sie solle sich einleben in Brahma, heute von einer Menschenseele das verlangen, die in westlichen Ländern lebt, das ist ein Anachronismus, ein Unding. Man könnte mit demselben Recht von einem Menschen, der auf der halben Höhe eines Berges steht, verlangen, er solle auf dieselbe Weise hinaufkommen wie einer, der noch unten im Tale steht. Mit demselben Recht könnte man das verlangen, wie wenn man heute eine abendländische Seele morgenländische Übungen machen läßt und sie eingehen läßt in Brahma. Dazu muß man auf dem Bilderbewußtseinsstandpunkte stehen, auf dem in einer gewissen Weise heute noch bestimmte Morgenländer stehen. Wer Abendländer ist, der hat das, was die Bhagavad Gita-Menschen beim Heraufsteigen in Brahma fanden, die Gefühle, die der Morgenländer haben kann beim Eingehen in Brahma, schon in seinen Begriffen und Ideen. Es ist wirklich wahr: noch würde Shankaracharya die Ideenwelt von Solovieff, Hegel und Fichte als den Anfang des Hinaufsteigens in Brahma vorführen seinen ihn verehrenden Schülern. Es kommt nicht auf den Inhalt, sondern auf die Mühe des Weges an. Wir müssen uns vor allem versetzen in jene Seelen, die dieses Heraufsteigen zu Brahma anstrebten.

Das charakterisiert Krishna nun sehr schön, indem er auf ein Hauptmerkmal dieses Hinaufsteigens hinweist. Man muß eine ganz andere Geistes- und Seelenkonstitution voraussetzen, wenn man die Seelen der Bhagavad Gita-Zeit begreifen will. Da ist alles passiv, da ist ein Sich-Aussetzen der Bilderwelt, da ist alles wie ein Sich-Hingeben an die strömende Bilderwelt. Man vergleiche damit unsere ganz andersartige gewöhnliche Welt. Uns hilft die Hingabe nichts, um zum Verständnis zu kommen. Allerdings gibt es viele Menschen, die am Zurückgebliebenen noch hängen, die nicht heraufkommen wollen bis zu dem, was in unserer Zeit geschehen muß. Aber das muß für unser Zeitalter geschehen: wir müssen uns anstrengen, aktiv tätig sein, um die Begriffe und Ideen von der Umwelt zu bekommen. Daß dies fehlt, ist ja die Misere unserer Erziehung! Wir müssen unsere Kinder dahin erziehen, daß sie dabei sind bei der Bildung ihrer Begriffe von der Umwelt. Aktiver muß heute die Seele sein als damals, in der Zeit vor der Entstehung der Bhagavad Gita. So können wir es aufschreiben:

Bhagavad Gita-Zeit = Aufsteigen zu Brahma in der Passivität der Seele.

Intellektuelle Zeit – unsere Zeit = Aktives Sich-Hinaufleben in die höheren Welten.

Was mußte also Krishna sagen, indem er einleiten will das neue Zeitalter, in dem allmählich beginnen soll das aktive Erarbeiten des Weltverständnisses? Er mußte sagen: Ich muß kommen, ich muß dir, dem Ich-Menschen, eine Gabe geben, die dich anregt, aktiv zu sein. – Würde das alles wie bisher passiv geblieben sein, wäre dieses Sich-Hingeben an die Welt ein Verstricktsein geblieben, so wäre das neue Zeitalter nicht angebrochen. Alles das, was in der Zeit vor der

Bhagavad Gita-Zeit zusammenhängt mit dem Eindringen der Seele in die geistigen Welten, nennt Krishna Hingabe. Alles ist Hingabe an Brahma. Alles das vergleicht er mit einem Weiblichen im Menschen. Dasjenige, was das Selbst im Menschen ist, das Tätige, Aktive, was das Selbstbewußtsein erzeugen soll, was von innen ausstrahlt als der Quell des Selbstbewußtseins, das da kommen soll, nennt Krishna das Männliche im Menschen. Was der Mensch in Brahma erreichen kann, muß von ihm, dem Krishna, befruchtet werden. Das sagt Krishna dem Arjuna, gleichsam die Lehre gibt er dem Arjuna: Brahmamenschen waren die Menschen bisher alle. Brahma ist alles dasjenige, was sich ausbreitet als der Mutterschoß der ganzen Welt. Ich aber bin der Vater, der kommt in die Welt, um den Mutterschoß zu befruchten. Und dasjenige, was dadurch entsteht, ist das Selbstbewußtsein, das fortwirken soll in den Menschen und zu allen Menschen kommen muß. Das wird mit aller Deutlichkeit auseinandergesetzt. Wie Vater und Mutter verhalten sich Krishna und Brahma in der Welt. Und was stiften sie? Sie stiften miteinander dasjenige, was der Mensch haben muß im weiteren Verlauf seiner Evolution: das Selbstbewußtsein, jenes Selbstbewußtsein, welches macht, daß der Mensch als Einzelwesen immer vollkommener und vollkommener werden kann. Ganz und gar hat es das Krishna-Bekenntnis mit dem einzelnen Menschen, mit dem individuellen Menschen zu tun. Restlose Hingabe an die Krishna-Lehre bedeutet Streben nach Vervollkommnung des einzelnen Menschen. Wie kann diese Vervollkommnung aber nur erreicht werden? Sie kann so nur erreicht werden, daß dieses individuelle Selbstbewußtsein, diese Gabe des Krishna, herauskommt durch Ablösen, durch das Ablösen des Selbstes von alledem, was mit den äußeren Zuständen behaftet ist. Lenken Sie den Blick hin auf diesen Grundnerv der Krishna-Lehre, darauf, daß die Krishna-Lehre dem Menschen die Anweisung gibt, alles äußerlich in den Zuständen Lebende liegen zu lassen, frei zu werden von allem «Tat», von allem, was abläuft als das Leben in seinen verschiedenen Zuständen, und sich zu ergreifen nur in dem Selbst, um dieses Selbst immer weiter und weiter zu höherer Vervollkommnung zu tragen. Lenken Sie den Blick hin darauf, daß abhängt die Vervollkommnung davon, daß der Mensch hinter sich läßt alle äußeren Konfigurationen der Dinge, daß er sich schält aus dem ganzen Außenleben heraus, daß er frei wird und in sich immer belebter wird. Selbstbewußtseinsstreben als die Lehre des Krishna ergibt sich dadurch, daß der Mensch sich losreißt von seiner Umgebung, nicht mehr frägt, was draußen sich vervollkommnet, sondern wie er sich vervollkommnen soll.

Krishna, das heißt der Geist, der durch Krishna wirkt, erschien ja nun wiederum in dem Lukas-Jesusknaben aus der nathanischen Linie des Hauses David. In dieser Persönlichkeit war also im Grunde alles dasjenige, was an Impulsen vorhanden war zur Verselbständigung im Menschen, zum Loslösen von der äußeren Wirklichkeit. Was wollte denn der Krishna oder, sagen wir, diese nicht in die Menschheitsevolution eingetretene Seele, die im Krishna wirkte und dann im Jesusknaben des Lukas, was wollte sie eigentlich? Sie hat es erleben müssen, daß sie einstmals draußen bleiben mußte aus der Menschheitsentwickelung, weil der Gegner gekommen war, der Luzifer, der gesagt hat: «Eure Augen werden geöffnet werden, und ihr werdet unterscheiden das Gute und Böse und werdet sein wie Gott.» Im alten indischen Sinne trat Luzifer vor die Menschen und sagte: Ihr werdet sein wie die Götter und werdet finden können die Sattva-, Rajas-, Tamaszustände in der Welt. – Luzifer hat die Menschen hingewiesen auf die Außenwelt. So mußten die Menschen kennenlernen auf Anstiften des Luzifer das Außen, so mußten sie durch die Evolution hindurchgehen bis in die Christus-Zeit hinein. Da kam derjenige, der damals zurückgewichen war vor Luzifer, in Krishna und im Lukas-Jesusknaben. In zwei Etappen lehrte er nun dasjenige, was von der einen Seite her der Gegenpol sein sollte gegen die Luzifer-Lehre des Paradieses. Er hat die Augen euch öffnen wollen für die Sattva-, Rajas- und Tamaszustände. Schließt die Augen vor den Sattva-, Rajas- und Tamaszuständen: dann werdet ihr euch als Menschen, als selbstbewußte Menschen finden. – So tritt für uns die Imagination auf: auf der einen Seite die Imagination des Paradieses, wo Luzifer der Menschen Augen öffnet für die Sattva-, Rajas- und Tamaszustände, und sich eine Weile zurückzieht derjenige, welcher der Gegner des Luzifer ist. Dann machen die Menschen eine Entwickelung durch und kommen an den Punkt, wo ihnen in zwei Etappen eine andere Lehre vom Selbstbewußtsein entgegenkommt, aber so, daß sie die Augen schließen sollen vor den Sattva-, Rajas- und Tamaszuständen. Beides sind einseitige Lehren. Wäre nur dageblieben der Krishna-Jesus-Einfluß, dasjenige, was im Jesusknaben des Lukas lebte, dann wäre nur die eine Einseitigkeit zu der anderen gekommen, dann hätte der Mensch Abschied genommen von allem, was ihn umgibt, er hätte alles Interesse auch an der äußeren Entwickelung verloren, dann hätte jeder nur seine eigene Vervollkommnung auf der Erde gesucht. Streben nach Vervollkommnung ist recht, aber das Streben, erkauft durch Interesselosigkeit an der ganzen Menschheit, ist eine Einseitigkeit, wie das Luziferische eine Einseitigkeit war. Daher trat das Allumfassende entgegen, der Christus-Impuls, die höhere Synthese beider Einseitigkeiten. In der Person des Lukas-Jesusknaben selber lebte drei Jahre hindurch der Christus-Impuls, der in die Menschheit kam, um diese beiden Einseitigkeiten zusammenzubringen. Durch die beiden Einseitigkeiten wäre die Menschheit in die Schwachheit und Sünde gekommen: durch den Luzifer wäre sie verurteilt zum einseitigen Leben in den äußeren Zuständen Sattva, Rajas, Tamas; durch den Krishna sollte sie für die andere Einseitigkeit erzogen werden: die Augen zu schließen und nur die eigene Vollkommenheit zu suchen. Der Christus nahm auf sich die Sünde, er gab den Menschen dasjenige, was die beiden Einseitigkeiten ausgleicht. Er nahm auf sich die Versündigung des Selbstbewußtseins, das die Augen schließen wollte gegenüber der Außenwelt; er nahm auf sich die Sünde des Krishna und aller, die Krishnas Sünde begehen wollten. Er nahm auf sich die Luzifer-Sünde und aller, die sie begehen wollten, indem sie nur einseitig den Blick auf Sattva, Rajas und Tamas geheftet hielten. Indem er die Einseitigkeiten auf sich nimmt, gibt er den Menschen die Möglichkeit, allmählich wieder einen Zusammenklang zu finden zwischen Innen- und Außenwelt, in welchem Zusammenklang allein das Heil der Menschen zu finden ist.

Aber eine Entwickelung, die begonnen hat, kann nicht sogleich auslaufen. Die Entwickelung zum Selbstbewußtsein, die begonnen hat mit dem Krishna, ist weiter gegangen, in gleicher Weise das Selbstbewußtsein immer steigernd, immer mehr und mehr die Entfremdung von der Außenwelt hervorrufend. Diese Entwickelung hat die Tendenz, weiter und weiter zu gehen auch in unserer Zeit. Zur Zeit, als der Krishna-Impuls vom Lukas-Jesusknaben aufgenommen worden ist, war die Menschheit gerade in dieser Entwickelung darinnen, das Selbstbewußtsein immer mehr noch zu steigern, sich der Außenwelt immer mehr noch zu entfremden. Das war dasjenige, was die Menschen erfuhren, welche die Johannestaufe im Jordan empfingen. Sie sahen, wie das Selbstbewußtsein auf dem Wege ist, immer stärker und stärker zu werden. Daher verstanden sie den Täufer, als er zu ihnen davon sprach: Ändert den Sinn, wandelt nicht nur in der Krishna-Bahn. – Wenn er auch nicht das Wort gebrauchte: wir können diese Bahn, die damals eingeschlagen worden ist, die Jesus-Bahn nennen, wenn wir okkultistisch sprechen wollen. Und diese bloße Jesus-Bahn ist tatsächlich durch die Jahrhunderte immer weiter und weiter gegangen; denn auf vielen Gebieten des menschlichen Kulturlebens in den Jahrhunderten, die auf die Begründung des Christentums folgten, war nur eine Anlehnung an Jesus vorhanden, nicht an den Christus, der in dem Jesus drei Jahre lebte, von der Johannestaufe an bis zum Mysterium von Golgatha. Eine jede Entwickelungslinie aber treibt sich bis zu einer gewissen Spannung. Immer mehr wurde diese Sehnsucht nach individueller Vervollkommnung dahin getrieben, daß die Menschen in einer gewissen Weise ins Tragische gerieten, sich immer mehr und mehr von der Göttlichkeit der Natur, von der Außenwelt entfremdeten. Heute haben wir ja vielfach dieses Tragische der Entfremdung von der Umgebung so, daß viele Seelen unter uns herumgehen, die nicht mehr viel von ihr verstehen. Deshalb muß gerade in unserer Zeit das Verständnis des Christus-Impulses einschlagen: die Christus-Bahn muß zur Jesus-Bahn hinzukommen. Es war die Bahn des einseitigen Vervollkommnungsstrebens zu stark geworden. In unserer Zeit erst ist sie so, daß die Menschen in vieler Beziehung ganz fern stehen der Göttlichkeit der Umgebung. Weil, wenn irgendeine Richtung auftritt, sie sich sogleich überspannt, und die Sehnsucht nach dem Gegenteil erwacht, fühlen in unserer

Zeit viele Seelen, wie wenig der Mensch heute aus dem gesteigerten Selbstbewußtsein herauskommen kann. Das erzeugt den Drang, die Göttlichkeit der Außenwelt zu erkennen. Und in unserer Zeit ist es so, daß gerade solche Seelen das durch die wahre Anthroposophie geöffnete Verständnis des Christus-Impulses suchen werden, des Christus-Impulses, der nicht bloß die einseitige Vervollkommnung der einzelnen Menschenseele will, sondern der ganzen Menschheit, der dem ganzen Menschheitsprozeß angehört. Den Christus-Impuls verstehen heißt nicht bloß streben nach Vervollkommnung, sondern auch in sich aufnehmen etwas, was wirklich getroffen wird mit dem Pauluswort: «Nicht ich, sondern der Christus in mir.» «Ich», das ist das Krishna-Wort; «Nicht ich, sondern der Christus in mir» ist das Wort des christlichen Impulses. So sehen wir, wie eine jegliche menschliche Geistesströmung ihre gewisse Berechtigung hat. Niemand kann sich denken, daß der Krishna-Impuls hätte ausbleiben können, aber niemand sollte jemals daran denken, daß einmal eine menschliche Geistesströmung in ihrer Einseitigkeit eine Vollberechtigung habe. Die beiden Einseitigkeiten, die luziferische und die Krishna-Strömung, mußten im höheren Sinne ihre Einheit finden in der Christus-Strömung.

Derjenige, der in wirklich anthroposophischem Sinne verstehen will das, was heute walten muß als notwendiger Impuls der weiteren Entwickelung der Menschheit, der muß in Anthroposophie das Instrument sehen, das hineinleuchten kann in alle Religionen. Auch in diesem Zyklus versuchten wir zu zeigen, wie die menschliche Evolution weiterschreitet und die einzelnen Strömungen ihren Zufluß zu dieser gemeinsamen Evolution senden. Ein dilettantisches Beginnen wäre es, wenn jemand das, was im Christentum sich findet, wiederfinden wollte im Krishnatum. So betrachtet, versteht man diese Dinge erst, versteht erst, was es heißt, Einheit zu suchen in allen Religionen. Man kann das auch auf andere Weise. Man kann immer wieder deklamieren: In allen Religionen ist dieselbe Grundwesenheit enthalten. – Das würde das gleiche bedeuten wie: dieselbe Grundwesenheit ist in der Wurzel, in dem Stamm, in den Blättern, in den Blüten, in den Staubgefäßen und in der Frucht enthalten. – Das ist wahr, aber das ist eine abstrakte Wahrheit. Es ist nicht geistreicher, als wenn man sagt: Was braucht man Unterschiede? Salz, Pfeffer, Essig, Milch steht doch alles auf dem Tisch, alles ist eins, denn alles ist Stoff. – Da merkt man nur das Abstrakte, Unzulängliche einer solchen Betrachtungsweise. Das merkt man aber nicht sogleich auf dem Gebiete der Religionsvergleichung. Es geht nicht, so abstrakt das Chinesentum, das Brahmanentum, das Krishnatum, das Buddhatum, das Persertum, das Mohammedanertum und das Christentum zu vergleichen, zu sagen: Seht, überall dieselben Prinzipien, überall ein Erlöser! – Die abstrakten Dinge kann man überall suchen: es ist dilettantisch, weil es unfruchtbar ist. Man kann für das Leben Gesellschaften, Vereine gründen, in denen man das Studium aller Religionen vorführt und das Studium dann so betreibt, wie wenn eben jemand sagen würde: Pfeffer, Salz, Essig und Öl seien eins, weil sie auf dem Tische stehen, weil sie alle Stoff sind. – Darauf kommt es nicht an. Darauf kommt es an, daß man die Dinge in ihrer Wahrheit, in ihrer Wirklichkeit betrachtet. Einer Betrachtungsweise, die so weit zum okkulten Dilettantismus sich versteigt, daß sie immer wieder die Gleichheit aller Religionen deklamiert, kann es ja auch gleich sein, ob das, was im Christus-Impuls lebt, der Schwerpunkt ist in der Menschheitsentwickelung, oder ob das in irgendeinem Menschen, den man auf der Straße oder sonstwo auftreibt, wieder erscheint. Wer aber aus der Wahrheit heraus leben will, für den ist es ein Greuel, in Zusammenhang zu bringen irgend etwas anderes mit demjenigen Impuls in der Weltgeschichte, der mit dem Mysterium von Golgatha verknüpft ist und für den der Christus-Name aufbewahrt worden ist als das, was er in Wahrheit ist: der Mittelpunkt der Erdenevolution.

In diesen Vorträgen versuchte ich Ihnen ein Bild zu geben an einem besonderen Beispiel, versuchte ich an diesem Beispiel zu zeigen, wie der gegenwärtige Okkultismus erstrebt, Licht zu werfen auf die verschiedenen Geistesströmungen, die im Verlaufe der Menschheitsevolution aufgetreten sind, die jede einen berechtigten Angriffspunkt haben, die man aber so unterscheiden muß, wie man den Stengel vom grünen Blatt, das grüne Blatt vom gefärbten Blumenblatt unterscheiden muß, obwohl alle diese zusammen wieder eine Einheit bedeuten. Wenn man mit diesem wahrhaft modernen Okkultismus versucht, selber mit seiner Seele einzudringen in dasjenige, was in den verschiedenen Strömungen in die Menschheit geflossen ist, dann erkennt man, daß wahrhaftig die einzelnen Religionsbekenntnisse nichts dabei verlieren, nichts an Größe, nichts an Erhabenheit. Welche erhabene Größe ist uns in der Gestalt des Krishna entgegengetreten auch da, wo wir ihn nur im Sinne der konkreten Erfassung der Menschheitsevolution in diese Menschheitsevolution hineinzustellen versuchten! Es ist eine jede solche Betrachtung, die man nur skizzenhaft geben kann, unvollkommen genug, gewiß recht, recht unvollkommen. Sie können aber versichert sein, niemand ist mehr überzeugt von der Unvollkommenheit dessen, was hier wiederum gegeben wurde, als der, welcher sich erlaubte, hier vor Ihnen zu sprechen. Aber was angestrebt worden ist, das ist, Ihnen ein wenig zu zeigen, wie wahre Betrachtung der einzelnen Geistesströmungen der Menschheit zu geschehen hat. Gerade an einem uns fern stehenden Geistesprodukt, an der Bhagavad Gita, versuchte ich anzuknüpfen, um zu zeigen, wie der abendländische Mensch schon empfinden und fühlen kann, was er dem Krishna verdankt, was Krishna heute noch als Nachwirkung bedeutet für sein Aufstreben in der Welt. Aber auf der anderen Seite muß die Geistesrichtung, die hier vertreten wird, verlangen, daß man liebevoll auf die Selbsteigenheit einer jeden Strömung ganz konkret eingehe. Das hat eine gewisse Unbequemlichkeit, denn das bringt einem die bescheidene Idee nur allzunahe, wie wenig man doch eigentlich in diese Tiefen eindringt. Und es folgt die andere Idee allerdings auch in unserer Seele: daß wir immer weiter streben müssen. Beides Unbequemlichkeiten! Diejenige Geistesströmung, die hier Anthroposophie genannt wird, sie macht vielen Seelen – dazu ist sie verurteilt – gewisse Unbequemlichkeiten. Sie verlangt ein energisches Eintreten in die konkreten Tatsachen des Weltengeschehens, zugleich aber auch, daß man sich in seiner Seele sagt: Ich kann ja zu Höherem kommen, ich will auch dahin kommen, aber ich habe doch nur immer einen Standpunkt erreicht, ich muß immer weiter und weiter streben. Niemals ein Ende!

So war es ja immer mit einer gewissen Unbequemlichkeit verknüpft, zu derjenigen Geistesströmung zu gehören, welche durch uns versucht, in das, was man anthroposophisches Leben nennt, sich hineinzustellen. Unbequem war es ja, daß man gar bei uns streben lernen sollte, lernen soll, um endlich dahin zu kommen, immer tiefer und tiefer in die heiligen Geheimnisse hineinzuschauen. Aber wir konnten nicht aufwarten mit etwas so Bequemem, das sich ergeben würde, wenn wir irgendeinen Sohn oder auch eine Tochter genommen hätten und sie vorgeführt und gesagt hätten: Ihr braucht nur warten: in diesem Sohn oder in dieser Tochter wird das Heil physisch verkörpert erscheinen. – Das konnten wir nicht, das ging wirklich nicht, denn wir mußten wahr sein. Und doch, für den, der die Sache durchschaut, ist schließlich alles das, was da zuletzt zutage getreten ist, nur die letzte, groteske Konsequenz jener dilettantischen Religionsvergleicherei, die sich auch so bequem hinstellen läßt, und die immer mit der Selbstverständlichkeit auftritt, mit der äußersten Trivialität auftritt: Alle Religionen enthalten dasselbe!

Die letzten Wochen und Monate haben immerhin gezeigt – und daß ich vor Ihnen hier sprechen konnte über ein so bedeutungsvolles Thema, hat es neu gezeigt –, daß sich eben doch ein Kreis von Menschen findet in der Gegenwart, wenn es darauf ankommt, die spirituellen Wahrheiten zu suchen. Uns wird es auf nichts anderes ankommen, als diese spirituellen Wahrheiten zu vertreten. Ob nun viele oder alle von uns abfallen, das wird nichts ändern an der Art, wie man die spirituellen Wahrheiten hier vertritt. Die heilige Verpflichtung zur Wahrheit, sie wird die Strömung, von welcher aus auch dieser Zyklus gehalten worden ist, leiten und lenken. Und wer mitmachen will, muß es tun unter den Bedingungen, die nun einmal notwendig geworden sind. Bequemer ist es allerdings, in anderer Weise zu verfahren, nicht so einzugehen auf die andere Seite, wie wir es tun, indem wir wirklich aufmerksam machen auf alles, wie es in der Realität ist. Aber das gehört ja eben auch schon zur Wahrheitsverpflichtung. Einfacher ist es, den Menschen mitzuteilen die Gleichheit der Religionen, die Einheit der Religionen, den Menschen zu verkünden, daß sie warten sollen, bis sich ein Heiland verkörpert, den man vorbestimmt, den man nicht aus sich selbst, sondern auf Autorität hin anerkennen soll. Das aber werden die menschlichen Seelen der Gegenwart selber zu entscheiden haben, inwieweit die reine Hingabe an das Streben nach Wahrhaftigkeit eine geistige Strömung tragen und halten kann. Es mußte schon einmal in unserer Zeit zu jener scharfen Scheidung kommen, die dadurch eingetreten ist, daß die Präsidentin sich zuletzt soweit selber demaskiert hat, diejenigen, die nichts weiter wollten, als für das Wahre, Echte in der Menschheitsevolution aus Wahrhaftigkeit einzutreten, als Jesuiten zu bezeichnen. Es ist ja dieses auch eine bequeme Art gewesen, sich zu scheiden, aber es ist die äußere Dokumentierung gewesen des Arbeitens mit objektiver Unwahrheit. Daß bei uns nicht in einer einseitigen Ideenrichtung gearbeitet worden ist, das möge Ihnen auch dieser Vortragszyklus wiederum gezeigt haben, der Gegenwart, Vergangenheit und Vorvergangenheit beherzigt, um den wahrhaftigen einzigen Grundimpuls der Menschheitsevolution zeigen zu können. So darf ich wohl auch hier sagen, wie es mich selber, der ich diesen Zyklus habe halten dürfen, mit tiefster Befriedigung erfüllt, daß Hoffnung vorhanden ist – und daß Sie hier sitzen, ist ein Beweis dafür –, noch Menschenseelen zu finden, welche den Trieb, die Neigung, die Hinlenkung haben zu dem, was auch auf übersinnlichem Gebiete mit nichts anderem arbeitet als mit der bloßen ehrlichen Wahrhaftigkeit.

Ich muß schon dieses Schlußwort noch anfügen an den Vortragszyklus, weil es im Grunde doch notwendig ist in Anbetracht alles dessen, was uns entgegengetreten ist im Laufe der Zeit bis zu dem Zeitpunkte, wo man uns aus der Theosophischen Gesellschaft ausgeschlossen hat. In Anbetracht alles dessen, was uns getan worden ist und was jetzt in zahlreichen Broschüren in sein Gegenteil verkehrt wird, mußte ich dies zum Ausdruck bringen, obwohl mich die Besprechung dieser Dinge immer außerordentlich schmerzhaft berührt. Aber es ist notwendig, daß diejenigen, die mit uns arbeiten wollen, wissen, daß wir zu unserer Devise haben: unbedingtes, bescheidenes, aber ehrliches Wahrheitsstreben hinauf in die höheren Welten.

□ □ Die Mitglieder der □ □
Anthroposophischen Gesellschaft
werden hiermit freundschaftlich eingeladen zu dem Vortrags-Cyklus, den Herr Dr. **Rudolf Steiner** in Helsingfors abhalten wird in der Zeit vom 28 Mai bis zum 5 Juni über das Thema:

Die okkulten Grundlagen der Bhagavad Gita

Karten für den Cyklus à Fmk 15 (= 12 Rmk) sind zu haben vom 25 Mai an täglich von 6—7 Uhr in der Teos. Bibliotheke, Boulevardstr. 7 wobei die Mitgliedskarte vorzuzeigen ist.

Die Vorträge finden statt abends 8 Uhr im Nationshaus der Österbottnischen Studenten, Museumstr. 10.

Anmeldungen, bez. Fragen sind zu richten an Dr. Eduard Selander, V. Chaussé 10, Helsingfors, Finland.

Anthroposophen in Helsingfors.

Hotels und Pensionen.

Hotel Kleihne, Katrinestr. 1.
Missionshotel, Ö. Henriksstr. 9.
Christliches Hospiz, Bergstr. 17.
Hotel Bristol, Unionsstr. 15.

Hotel Patria, Alexandersstr. 17 A.
Pension Andersson, Alexandersstr. 44.
Pension Central, Alexandersstr. 46.

HINWEISE

Zu dieser Ausgabe

Die in diesem Bande abgedruckten Vorträge hätten ursprünglich in St. Petersburg stattfinden sollen. Doch der «Heilige Synod» der Russisch-Orthodoxen Kirche als die dafür zuständige Behörde verweigerte die Bewilligung für die Einreise. So mußte der Zyklus nach Finnland verlegt werden, das zwar damals auch zum Russischen Reich gehörte, für das aber weniger strenge Gesetze galten als für das eigentliche Rußland.

Über die Zusammensetzung der Zuhörerschaft bei diesen Vorträgen sei hier ein Abschnitt zitiert aus einem Bericht von Kurt von Wistinghausen über ein Gespräch mit Marie Steiner vom März 1927, in dem die mit dem Zyklus verknüpften Umstände dargestellt wurden:

«Zu den Zyklen Rudolf Steiners in Helsinki (Helsingfors) über *Die geistigen Wesenheiten in den Himmelskörpern und Naturreichen* im April 1912 und namentlich dem über *Die okkulten Grundlagen der Bhagavad Gita* im Juni 1913 (an letzterem hat N. A. Berdjajew teilgenommen) erschienen nämlich nicht nur Anthroposophen aus dem ganzen damaligen Rußland, sondern eben auch manche sonst geistig interessierte Persönlichkeiten aus dem verhältnismäßig nah gelegenen St. Petersburg (Leningrad). Die dortigen Anthroposophen standen mit Denkern, Dichtern, bildenden Künstlern der Hauptstadt des Zarenreiches in lebhaftem Austausch und hatten sie auf die bevorstehenden Vorträge Rudolf Steiners aufmerksam gemacht. Bei manchen führte die Teilnahme zu vertieftem Interesse, bei andern zu einer mehr oder weniger heftigen Abwehr.»

(Aus: «Nachrichtenblatt» Nr. 24 vom 13. Juni 1971)

Für den Inhalt und den Duktus der Vorträge ist von Bedeutung, daß ein halbes Jahr vorher die Trennung der Anthroposophischen von der Theosophischen Gesellschaft stattgefunden hatte und daß in jener Zeit der inhaltlich verwandte Zyklus «Die Bhagavad Gita und die Paulusbriefe» (GA 142) gehalten worden war. (Siehe auch die Hinweise zu den Seiten 158 und 159.)

Der *Titel des Bandes* ist identisch mit dem Titel des Zyklus.

Textgrundlagen: Die Vorträge wurden stenographisch aufgenommen und vom Stenographen in Klartext übertragen. Der Nachschreibende ist nicht bekannt, Stenogramme liegen nicht mehr vor. Der Text dieser Auflage folgt, wie alle vorangehenden Auflagen, der ersten, großformatigen Zyklenausgabe von 1914.

Hinweise zum Text

Werke Rudolf Steiners innerhalb der Gesamtausgabe (GA) werden in den Hinweisen mit der Bibliographie-Nummer angegeben. Siehe auch die Übersicht am Schluß des Bandes.

Zu Seite

9 *das letze Mal hier zu Ihnen sprechen durfte*: «Die geistigen Wesenheiten in den Himmelskörpern und Naturreichen», 11 Vorträge, gehalten in Helsingfors 3.–14. April 1912, GA 136.

11 *Wilhelm von Humboldt*, 1767–1835, Sprachforscher, Politiker und Kulturphilosoph. Er wirkte 1809–1819 im preußischen Staatsdienst als Leiter des Kultus- und Unterrichtswesens, als Vertreter Preußens am Wiener Kongreß und als Gesandter in London. Später widmete er sich ganz seinen vielseitigen Forschungen. In seinen frühen Jahren lebte er in Erfurt und Weimar, wo er eng befreundet war mit Goethe und besonders mit Schiller. 1826 schrieb er die Abhandlung «Über die unter dem Namen Bhagavadgita bekannte Episode des Maha-Bharata». Die von Rudolf Steiner erwähnte Stelle findet sich in einem Brief an August Wilhelm Schlegel vom 21. Juni 1823 und in einem Brief an Gentz vom 1. März 1828.

des berühmten Kosmos-Schreibers: Alexander von Humboldt (1769–1859), zu seiner Zeit sehr geachteter Naturforscher und Schriftsteller. Er bereiste in den Jahren 1799–1804 weite Teile Südamerikas und Mexikos. Sein Hauptwerk «Kosmos», das 1845–1862 in fünf Bänden erschien, ist eine Beschreibung dieser Reisen und der dabei gemachten naturwissenschaftlichen Beobachtungen und Entdeckungen. Er versuchte in diesem Werk, den Geist des klassischen Idealismus mit dem der emporblühenden exakten Naturwissenschaften zu verbinden.

12 *das ganze Gewebe des «Mahabharata»*: Das Nationalepos der Inder, das in verschiedenen Fassungen überliefert ist. Es schildert die Kämpfe zwischen den miteinander verwandten Parteien der «Kauwara» und der «Pandawa». Es enthält aber auch viele religiöse und sittliche Betrachtungen sowie einzelne in sich geschlossene Episoden wie den Roman «Nala und Damajanti» und die «Bhagavad Gita». Als wahrscheinliche Entstehungszeit wird das 4. Jahrhundert v. Chr. angegeben.

14 *und wir werden noch auf diese Schilderung zurückkommen*: Siehe den sechsten Vortrag.

17 *Sokrates*, 470–399 v. Chr., wirkte als Weiser in Athen, indem er durch fortgesetztes «sokratisches» Fragen die Menschen dazu führte, in sich selbst nach der Wahrheit zu suchen. Sein Glaube daran, daß sich in der denkenden Menschenseele die Vernunft der Welt offenbaren könne, war letztendlich der Grund zu seiner Verurteilung, denn dieser Glaube widersprach der traditionellen griechischen Staatsauffassung. Mit dem «Gespräch über die Unsterblichkeit der Seele» ist Platos Dialog «Phaidon» gemeint. Von den letzten Tagen des Sokrates handeln ferner auch die Werke Platos «Apologie», Verteidigungsrede des Sokrates, und «Kriton». In dem Werk «Die Rätsel der Philosophie» (GA 18) von Rudolf Steiner wird das Wesen und die Lehre des Sokrates auf den Seiten 65–70 dargestellt.

Plato, 427–347 v. Chr., hat, als Schüler des Sokrates, seine ganze Philosophie in Dialogen dargestellt, in denen meistens Sokrates als Gesprächsführer erscheint. Seine

Philosophie wird in den Büchern «Die Rätsel der Philosophie» (GA 18) und «Das Christentum als mystische Tatsache» (GA 8) ausführlich charakterisiert.

23 *«Ich bin in der Erde...»*: Diese Stelle ist eine freie Umschreibung von Bhagavad Gita, 10. Gesang, Vers 20–41.

25 *bei der Besprechung des Johannes-Evangeliums*: «Das Johannes-Evangelium», 12 Vorträge, gehalten in Hamburg 18. bis 31. Mai 1908 (GA 103, vergleiche besonders den 4. Vortrag).

bei der Besprechung des Markus-Evangeliums: «Das Markus-Evangelium», 10 Vorträge, gehalten in Basel 15. bis 24. September 1912 (GA 139, vergleiche besonders den 2. und den 9. Vortrag).

in dem Zyklus, den ich einstmals in Kassel gehalten habe: «Das Johannes-Evangelium im Verhältnis zu den drei anderen Evangelien, besonders zu dem Lukas-Evangelium», 14 Vorträge, 24. Juni bis 7. Juli 1909 (GA 112, vergleiche besonders den 9. Vortrag).

26 *Wir werden... noch einmal auf diese Bemerkung zurückkommen*: Siehe den sechsten Vortrag, ab Seite 98.

35 *ein großes Wort eines großen Aufklärers*: Immanuel Kant in seiner Schrift «Beantwortung der Frage: Was ist Aufklärung?» Das genaue Zitat lautet: «Habe Mut, dich deines eigenen Verstandes zu bedienen! ist also der Wahlspruch der Aufklärung».

«Wahrheit und Wissenschaft» (GA 3)

«Philosophie der Freiheit» (GA 4)

36 *das Weltgeschehen an einem Zipfel*: Der Satz, auf den sich Rudolf Steiner hier bezieht, findet sich gegen Ende des dritten Kapitels der «Philosophie der Freiheit». Er lautet: «Es ist also zweifellos: in dem Denken halten wir das Weltgeschehen an einem Zipfel, wo wir dabei sein müssen, wenn etwas zustandekommen soll. Und das ist doch gerade das, worauf es ankommt». (GA 4, Seite 49)

38 *eine Geheimwissenschaft*: «Die Geheimwissenschaft im Umriß» (GA 13)

39 *Halte dich nicht an die Veden*: Vergleiche Bhagavad Gita, 2. Gesang, Vers 42–53.

45 *«Wie erlangt man Erkenntnisse der höheren Welten?»*: (GA 10)

52 *ein «Faust»-Zitat*: Worte des Mephistopheles im zweiten Teil des «Faust», erster Akt (Kaiserliche Pfalz): «Zwar ist es leicht, doch ist das Leichte schwer», Zeile 4928.

61 *auf einen griechischen Philosophen*: Pythagoras. Vergleiche Diogenes Laertius, «Leben und Meinungen berühmter Philosophen», Buch VIII, Kapitel I.

72 *«Die geistige Führung des Menschen und der Menschheit»* (GA 15).

78 *In einer griechischen Philosophengesellschaft*: Vergleiche Diogenes Laertius, VI. Buch, II. Kapitel über Diogenes.

80 *Helen Keller*, 1880–1968, wurde in ihrem zweiten Lebensjahre durch eine Krankheit des Gesichts- und des Gehörsinns beraubt. Mit sieben Jahren erhielt sie die Erzieherin Anne Sullivan, die selbst in ihrer Kindheit blind gewesen war. Diese vermochte es, die Denkfähigkeit Helen Kellers zu wecken und sie die Blindenschrift zu lehren. Helen Keller entwickelte sich zu einer hochgebildeten Persönlichkeit. Sie schrieb mehrere Bücher und trat in Verkehr mit vielen bedeutenden Menschen ihrer Zeit. u. a. mit Mark Twain und Graham Bell.

82 *Nikolaus Kopernikus*, 1473–1543.
   Galileo Galilei, 1564–1642.
   Johannes Kepler, 1571–1630.
   Giordano Bruno, 1548–1600.

85 «*Ein Weg zur Selbsterkenntnis des Menschen*» (GA 16).

87 *Woodrow Wilson*, 1856–1924. Die besprochenen Ausführungen finden sich in dem 1913 in Leipzig erschienenen Aufsatzband «The new freedom», im 2. Kapitel mit der Überschrift «What is progress?» Deutsche Ausgabe München 1914, Seite 64 f.

95 *ein sehr bedeutender Gelehrter*: Richard Garbe (1857–1927) «Die Bhagavad Gita, aus dem Sanskrit übersetzt. Mit einer Einleitung über ihre ursprüngliche Gestalt, ihre Lehren und ihr Alter». Leipzig 1905.

98 *Nun lesen wir im neunten Gesange*: Vers 4–5.

102/103 Rudolf Steiner zitiert die Verse 15–25 und 32–34 aus dem 11. Gesang der Bhagavad Gita in freier Anlehnung an die Übersetzung von Leopold von Schroeder.

117 *in meiner Geheimwissenschaft*: GA 13.

119 *Kurus und Pandus*: Rudolf Steiner bezeichnet mit diesen Namen die Nachkommen der indischen epischen Helden Kuru und Pandu. Diese Nachkommen heißen sonst «Kaurava» und «Pandava».

120 *in meinem Buche «Die geistige Führung des Menschen und der Menschheit»*: GA 15.

121 «*Dieser ist mein vielgeliebter Sohn...*»: In den üblichen Bibelübersetzungen heißt der zweite Teil dieses Satzes: «an dem ich Wohlgefallen habe». In der textkritischen griechischen Ausgabe des Neuen Testaments (herausgegeben von Eberhard Nestle 1898) wird an der entsprechenden Stelle im Lukas-Evangelium (Kapitel 3, Vers 22) angegeben, daß einige Handschriften die Worte enthalten, welche Rudolf Steiner hier anführt. In seinem Zyklus «Das Lukas-Evangelium» (GA 114) sagt er darüber: «‹Dies ist mein vielgeliebter Sohn, heute habe ich ihn gezeugt›, so hieß es sonst in den älteren Evangelienhandschriften, und so sollte es in Wahrheit in den Evangelien stehen» (S. 147).

meiner Vorträge über das Lukas-Evangelium: «Das Lukas-Evangelium», 10 Vorträge, gehalten in Basel 15.–26. September 1909 (GA 114).

129 *Shankaracharya* (gewöhnlich Shankara) 788–820, indischer Weisheitslehrer. Kommentator wichtiger religiöser Schriften, u. a. der Bhagavad Gita, und Begründer des Klassischen Vedantasystems.

130 *was einmal Schopenhauer geäußert hat*: In dem 1840 geschriebenen Werk «Preisschrift über die Grundlage der Moral», 7. Band, Kapitel «Metaphysische Grundlage» § 22. Das genaue Zitat lautet: «In allen Jahrhunderten hat die arme Wahrheit darüber erröten müssen, daß sie paradox war: und es ist doch nicht ihre Schuld. Sie kann nicht die Gestalt des thronenden allgemeinen Irrtums annehmen. Da sieht sie seufzend auf zu ihrem Schutzgotte, der Zeit, welcher ihr Sieg und Ruhm zuwinkt, aber dessen Flügelschläge so groß und langsam sind, daß das Individuum darüber hinstirbt.»

138 *die Worte des Evangelisten*: Evangelium nach Johannes, I, 5.

138 *Ein europäischer Gelehrter*: Leopold von Schroeder (1851–1920). Der andere Übersetzer ist Joseph Dahlmann (1861–1930). Die von Rudolf Steiner angeführte Auseinandersetzung über die Bedeutung des Wortes Sattva ist enthalten in der Anmerkung zu Gesang 14, Vers 5, der Übersetzung von Schroeder.

144 *so will Krishna klar machen*: Die folgenden Worte geben in freier Weise Gedanken wieder, die am Ende des 14. und am Ende des 18. Gesangs der Bhagavad Gita enthalten sind.

152 *Eure Augen werden geöffnet werden*: 1. Buch Mose, 3. Kapitel, Vers 4 und 5.

155 *«nicht ich, sondern der Christus in mir»*: Brief an die Galater, II, 20.

158 *in diesem Sohn ... wird das Heil*: Bezieht sich auf die Propagierung des Inderknaben Krishnamurti als wiedergekommener Christus innerhalb der Theosophischen Gesellschaft. Die damit im Zusammenhang stehenden Ereignisse führten zum Ausschluß der deutschen Sektion aus der Theosophischen Gesellschaft und zur Begründung der Anthroposophischen Gesellschaft. Vergleiche dazu das Vorwort von Marie Steiner zu dem Zyklus «Die Bhagavad Gita und die Paulusbriefe» (GA 142), abgedruckt als Anhang zu diesem Zyklus.

159 *die Präsidentin*: Annie Besant (1847–1933), englische Theosophin, seit 1907 Präsidentin der Theosophischen Gesellschaft. An den im vorhergehenden Hinweis geschilderten Vorgängen war sie maßgebend beteiligt.

NAMENREGISTER

(* = im Text nicht namentlich genannt)

Besant, Annie 159*
Bruno, Giordano 82
Buddha 75

Darwin, Charles 89, 109, 110
David, König 72, 119, 152
Diogenes 78*

Fichte, Johann Gottlieb 125, 126, 128–133, 135, 150

Galilei, Galileo 82
Garbe, Richard 95*
Goethe, Johann Wolfgang von 52*

Hegel, Georg Wilhelm Friedrich 128–135, 150
Homer 20*, 21
Humboldt, Alexander von 11
Humboldt, Wilhelm von 11

Johannes, Evangelist 25, 138
Johannes der Täufer 121, 154

Kant, Immanuel 35*
Kapila 23
Keller, Helen 80, 81
Kepler, Johannes 82
Kopernikus, Nikolaus 82, 83

Lazarus 25
Lukas, Evangelist 119, 121, 152–154

Markus, Evangelist 25
Matthäus, Evangelist 119
Mohammed 156

Nathan 72, 152
Newton, Isaac 88

Paulus, Apostel 155
Plato 17, 19
Pythagoras 32, 61*

Robespierre 75

Schopenhauer, Arthur 130
Schroeder, Leopold von 138*
Shankaracharya 129, 130, 133
Sokrates 17–20
Solovieff, Wladimir 128–130, 132, 133, 135, 150

Wilson, Woodrow 87–89

Zarathustra 120, 121

Steiner, Rudolf
  Schriften:
    Wahrheit und Wissenschaft (GA 3) 35
    Die Philosophie der Freiheit (GA 4) 35, 36
    Wie erlangt man Erkenntnisse der höheren Welten? (GA 10) 45–47, 50, 55, 56, 85, 132
    Die Geheimwissenschaft im Umriß (GA 13) 38, 105, 117
    Die geistige Führung des Menschen und der Menschheit (GA 15) 72, 120
    Ein Weg zur Selbsterkenntnis des Menschen (GA 16) 85

  Vorträge:
    Das Johannes-Evangelium (GA 103) 25
    Das Johannes-Evangelium im Verhältnis zu den drei anderen Evangelien (GA 112) 25
    Das Lukas-Evangelium (GA 114) 121
    Die geistigen Wesenheiten in den Himmelskörpern und Naturreichen (GA 136) 9
    Das Markus-Evangelium (GA 139) 25

AUSFÜHRLICHE INHALTSANGABEN

ERSTER VORTRAG, Helsingfors, 28. Mai 1913 9
Das Bekanntwerden der Bhagavad Gita und ihrer Bedeutung in der neueren Zeit. Eine Äußerung dazu von Wilhelm von Humboldt. Der Ausgangspunkt der Bhagavad Gita: ein Bruderkampf. Das Zurückbeben des Arjuna vor der Verstrickung in die irdische Welt des Kampfes. Ein Gegenbild: der sterbende Sokrates als Verkünder der Unsterblichkeit der Seele. Arjuna als Vertreter der alten Gruppenseelenhaftigkeit und Krishna als Führer zum Erleben des Einzel-Ich.

ZWEITER VORTRAG, 29. Mai 1913. 25
Die künstlerische Komposition aller alten okkulten Urkunden. Seelische Erschütterung als Ausgangspunkt für okkulte Erlebnisse. Die Erweiterung des Interesses, eine Vorbedingung für geistige Schulung. Arjunas geistige Entwicklung gemäß diesen Voraussetzungen. Das Denken in allgemeinen Begriffen als neue Errungenschaft der Bhagavad Gita-Zeit. Ideen und Begriffe als Anfänge des Hellsehertums. Die Unterweisung des Krishna: Abwendung vom Glauben an das Vedawort und Hinwendung zum Beschreiten des Yogaweges. Das Hindurchgehen durch das Gefühl der Einsamkeit und die ersten Schritte zu übersinnlicher Erkenntnis.

DRITTER VORTRAG, 30. Mai 1913. 43
Der Zusammenhang der Traumvorstellungen mit Alltagserlebnissen. Das Hereinragen spiritueller Erfahrungen in die Traumwelt als Folge geisteswissenschaftlicher Übungen. Das Überwinden der gewohnten Sympathien und Antipathien als Voraussetzung für solche Erfahrungen. Beispiele für die Schwierigkeit solcher Abgewöhnung. Das Erringen einer neuen Einstellung zum eigenen Schicksal. Die Notwendigkeit einer Erkraftung des Selbstbewußtseins für den Aufstieg in höhere Welten. Die Widerspiegelung solcher Tatsachen in der Begegnung zwischen Arjuna und Krishna.

VIERTER VORTRAG, 31. Mai 1913. 59
Die letzten Reste hellseherischer Kraft bei den Menschen des Bhagavad Gita-Zeitalters. Das Gefühl von der Sinnlosigkeit des nur physischen Daseins als Antrieb zu geistigem Forschen. Das Erringen höherer Erkenntnisse durch das bewußte Eindringen in die sonst im Schlaf erlebte Region der Geisteswelt. Die Erkenntnis von der Notwendigkeit des Bösen in der Welt. Die Empörung der

öffentlichen Kritik gegenüber den aus der «Schlaf-Region» herabgeholten Einsichten. Die Wahrheit von den zwei Jesusknaben als Beispiel. Die Worte des Krishna als Offenbarungen aus dieser Geistregion.

FÜNFTER VORTRAG, 1. Juni 1913 78
Das Mangelhafte aller Definitionen. Charakterisierung des zyklischen Verlaufs von Aufbau- und Abbauprozessen im Nervensystem durch den Wechsel von Schlafen und Wachen. Helen Keller als Beispiel für die Widerstandsfähigkeit der Vererbungskräfte gegenüber organischen Schädigungen. Das zyklische Lebensgesetz im Geschichtsverlauf: Wechsel zwischen Zeiten der Vorbereitung und der Erfüllung. Die Bildung eines neuen Organs im menschlichen Gehirn zwischen dem 14. und dem 19. Jahrhundert und der Beginn des spiritualistischen Denkens in der Gegenwart. Beispiele für das Nachwirken einer materialistisch oberflächlichen Denkweise. Woodrow Wilsons Anschauungen vom Staatsleben. Die Vorbereitung des Selbstbewußtseins durch Krishna während der Zeit der Kasteneinteilung und der Ahnenverehrung. Das Bewußtwerden dieses Vorgangs bei Arjuna.

SECHSTER VORTRAG, 2. Juni 1913 93
Ein Irrtum heutiger abstrakter Wissenschaftlichkeit: Die Interpretierung alter religiöser Urkunden als philosophische Systeme. Die Begegnung des Arjuna mit Krishna als dem Bringer des Selbstbewußtseins. Die künstlerische Steigerung von den ersten Gesängen der Bhagavad Gita bis zum neunten: Vom Verstehen des Ewigen in den Erscheinungen über das Vertiefen in Yoga zum Erleben des Krishna-Geistes in imaginativen Bildern. Die Bedeutung des Krishna-Impulses für die einzelne Menschenseele, des Christus-Impulses für die ganze Menschheit.

SIEBENTER VORTRAG, 3. Juni 1913 108
Die Unfähigkeit des Menschen, die eigenen Erkenntniskräfte zu erkennen. Das Wirken der Zerstörungskräfte im wachen Denkleben und der schöpferischen, aufbauenden Kräfte während des Schlafes. Das Besondere dieser schöpferischen Kräfte im Menschen: ihre Verwandtschaft mit dem «Weniger-als-Nichts». Das Schlafen der Generationskräfte im unschuldigen Kindesalter und ihre zur Tierheit herabdrückende Wirkung bei ihrem Erwachen während der Geschlechtsreife. Die Bewahrung dieser menschenschöpferischen Kräfte vor dem luziferischen Einfluß in der Schwesterseele des Adam. Die Menschwerdung dieser Seele in dem Jesusknaben des Lukas-Evangeliums. Ihre Durchdringung mit der Zarathustraseele des anderen Jesusknaben im Alter der Geschlechtsreife. Das Wirken der Seele Adams in dem Impuls des Krishna. Das Auffinden dieser Tatsachen durch okkulte Beobachtung und nicht durch verstandesmäßiges Konstruieren.

ACHTER VORTRAG, 4. Juni 1913 124
Das Herauswachsen der Bhagavad Gita aus der Empfindungshaltung des alten Indien. Das Nicht-Verstehen ihres tieferen Gehalts. Die Bestrebungen zur Erneuerung der altindischen Weisheit durch die Sankhyaphilosophie und die Vedantaphilosophie des Shankaracharya. Die inhaltliche Verwandtschaft dieser Geistesströmung mit der Philosophie von Solovieff, Fichte und Hegel. Das Empfinden der Bhagavad Gita ausgedrückt in den Begriffen Sattva, Rajas und Tamas. Die Lebendigkeit dieser Begriffe und ihre Anwendung auf verschiedenen Lebensgebieten.

NEUNTER VORTRAG, 5. Juni 1913. 141
Die unterschiedliche Anwendung der Begriffe Sattva, Rajas und Tamas für die Bhagavad Gita-Zeit und für die Gegenwart. Das Herauswachsen aus den drei Seelenzuständen als Aufgabe des Arjuna. Der Impuls des Krishna zur Verselbständigung und Vervollkommnung der Menschenseele. Die Synthese des Luzifer-Impulses und des Krishna-Jesus-Impulses durch den Christus-Impuls. Der in der Theosophischen Gesellschaft verbreitete Irrtum von der leiblichen Wiederverkörperung des Christus und das Streben nach Wahrhaftigkeit als Aufgabe der Anthroposophie.

ÜBER DIE VORTRAGSNACHSCHRIFTEN

Aus Rudolf Steiners Autobiographie
«Mein Lebensgang» (35. Kap., 1925)

Es liegen nun aus meinem anthroposophischen Wirken zwei Ergebnisse vor; erstens meine vor aller Welt veröffentlichten Bücher, zweitens eine große Reihe von Kursen, die zunächst als Privatdruck gedacht und verkäuflich nur an Mitglieder der Theosophischen (später Anthroposophischen) Gesellschaft sein sollten. Es waren dies Nachschriften, die bei den Vorträgen mehr oder weniger gut gemacht worden sind und die – wegen mangelnder Zeit – nicht von mir korrigiert werden konnten. Mir wäre es am liebsten gewesen, wenn mündlich gesprochenes Wort mündlich gesprochenes Wort geblieben wäre. Aber die Mitglieder wollten den Privatdruck der Kurse. Und so kam er zustande. Hätte ich Zeit gehabt, die Dinge zu korrigieren, so hätte vom Anfange an die Einschränkung «Nur für Mitglieder» nicht zu bestehen gebraucht. Jetzt ist sie seit mehr als einem Jahre ja fallen gelassen.

Hier in meinem «Lebensgang» ist notwendig, vor allem zu sagen, wie sich die beiden: meine veröffentlichten Bücher und diese Privatdrucke in das einfügen, was ich als Anthroposophie ausarbeitete.

Wer mein eigenes inneres Ringen und Arbeiten für das Hinstellen der Anthroposophie vor das Bewußtsein der gegenwärtigen Zeit verfolgen will, der muß das an Hand der allgemein veröffentlichten Schriften tun. In ihnen setzte ich mich auch mit alle dem auseinander, was an Erkenntnisstreben in der Zeit vorhanden ist. Da ist gegeben, was sich mir in «geistigem Schauen» immer mehr gestaltete, was zum Gebäude der Anthroposophie – allerdings in vieler Hinsicht in unvollkommener Art – wurde.

Neben diese Forderung, die «Anthroposophie» aufzubauen und dabei nur dem zu dienen, was sich ergab, wenn man Mitteilungen aus der Geist-Welt der allgemeinen Bildungswelt von heute zu übergeben hat, trat nun aber die andere, auch dem voll entgegenzukommen, was aus der Mitgliedschaft heraus als Seelenbedürfnis, als Geistessehnsucht sich offenbarte.

Da war vor allem eine starke Neigung vorhanden, die Evangelien und den Schrift-Inhalt der Bibel überhaupt in dem Lichte dargestellt zu hören, das sich als das anthroposophische ergeben hatte. Man wollte in Kursen über diese der Menschheit gegebenen Offenbarungen hören.

Indem interne Vortragskurse im Sinne dieser Forderung gehalten wurden, kam dazu noch ein anderes. Bei diesen Vorträgen waren nur Mitglieder. Sie waren mit den Anfangs-Mitteilungen aus Anthroposophie bekannt. Man konnte zu ihnen eben so sprechen, wie zu Vorgeschrittenen auf dem Gebiete der Anthroposophie. Die Haltung dieser internen Vorträge war eine solche, wie sie eben in Schriften nicht sein konnte, die ganz für die Öffentlichkeit bestimmt waren.

Ich durfte in internen Kreisen in einer Art über Dinge sprechen, die ich für die öffentliche Darstellung, wenn sie für sie von Anfang an bestimmt gewesen wären, hätte anders gestalten *müssen*.

So liegt in der Zweiheit, den öffentlichen und den privaten Schriften, in der Tat etwas vor, das aus zwei verschiedenen Untergründen stammt. Die ganz öffentlichen Schriften sind das Ergebnis dessen, was in mir rang und arbeitete; in den Privatdrucken ringt und arbeitet die Gesellschaft mit. Ich höre auf die Schwingungen im Seelenleben der Mitgliedschaft, und in meinem lebendigen Drinnenleben in dem, was ich da höre, entsteht die Haltung der Vorträge.

Es ist nirgends auch nur in geringstem Maße etwas gesagt, was nicht reinstes Ergebnis der sich aufbauenden Anthroposophie wäre. Von irgend einer Konzession an Vorurteile oder Vorempfindungen der Mitgliedschaft kann nicht die Rede sein. Wer diese Privatdrucke liest, kann sie im vollsten Sinne eben als das nehmen, was Anthroposophie zu sagen hat. Deshalb konnte ja auch ohne Bedenken, als die Anklagen nach dieser Richtung zu drängend wurden, von der Einrichtung abgegangen werden, diese Drucke nur im Kreise der Mitgliedschaft zu verbreiten. Es wird eben nur hingenommen werden müssen, daß in den von mir nicht nachgesehenen Vorlagen sich Fehlerhaftes findet.

Ein Urteil über den Inhalt eines solchen Privatdruckes wird ja allerdings nur demjenigen zugestanden werden können, der kennt, was als Urteils-Voraussetzung angenommen wird. Und das ist für die allermeisten dieser Drucke *mindestens* die anthroposophische Erkenntnis des Menschen, des Kosmos, insofern sein Wesen in der Anthroposophie dargestellt wird, und dessen, was als «anthroposophische Geschichte» in den Mitteilungen aus der Geist-Welt sich findet.

RUDOLF STEINER GESAMTAUSGABE

Gliederung nach Rudolf Steiner – Das literarische
und künstlerische Werk. Eine bibliographische Übersicht
(Bibliographie-Nrn. *kursiv* in Klammern)

A. SCHRIFTEN

I. Werke

Goethes Naturwissenschaftliche Schriften, eingeleitet und kommentiert von R. Steiner, 5 Bände, 1884–97, Neuausgabe 1975 *(1a-e);* separate Ausgabe der Einleitungen, 1925 *(1)*
Grundlinien einer Erkenntnistheorie der Goetheschen Weltanschauung, 1886 *(2)*
Wahrheit und Wissenschaft. Vorspiel einer «Philosophie der Freiheit», 1892 *(3)*
Die Philosophie der Freiheit. Grundzüge einer modernen Weltanschauung, 1894 *(4)*
Friedrich Nietzsche, ein Kämpfer gegen seine Zeit, 1895 *(5)*
Goethes Weltanschauung, 1897 *(6)*
Die Mystik im Aufgange des neuzeitlichen Geisteslebens und ihr Verhältnis zur modernen Weltanschauung, 1901 *(7)*
Das Christentum als mystische Tatsache und die Mysterien des Altertums, 1902 *(8)*
Theosophie. Einführung in übersinnliche Welterkenntnis und Menschenbestimmung, 1904 *(9)*
Wie erlangt man Erkenntnisse der höheren Welten? 1904/05 *(10)*
Aus der Akasha-Chronik, 1904–08 *(11)*
Die Stufen der höheren Erkenntnis, 1905–08 *(12)*
Die Geheimwissenschaft im Umriß, 1910 *(13)*
Vier Mysteriendramen: Die Pforte der Einweihung – Die Prüfung der Seele – Der Hüter der Schwelle – Der Seelen Erwachen, 1910–13 *(14)*
Die geistige Führung des Menschen und der Menschheit, 1911 *(15)*
Anthroposophischer Seelenkalender, 1912 *(in 40)*
Ein Weg zur Selbsterkenntnis des Menschen, 1912 *(16)*
Die Schwelle der geistigen Welt, 1913 *(17)*
Die Rätsel der Philosophie in ihrer Geschichte als Umriß dargestellt, 1914 *(18)*
Vom Menschenrätsel, 1916 *(20)*
Von Seelenrätseln, 1917 *(21)*
Goethes Geistesart in ihrer Offenbarung durch seinen Faust und durch das Märchen von der Schlange und der Lilie, 1918 *(22)*
Die Kernpunkte der sozialen Frage in den Lebensnotwendigkeiten der Gegenwart und Zukunft, 1919 *(23)*
Aufsätze über die Dreigliederung des sozialen Organismus und zur Zeitlage 1915–1921 *(24)*
Kosmologie, Religion und Philosophie, 1922 *(25)*
Anthroposophische Leitsätze, 1924/25 *(26)*
Grundlegendes für eine Erweiterung der Heilkunst nach geisteswissenschaftlichen Erkenntnissen, 1925. Von Dr. R. Steiner und Dr. I. Wegman *(27)*
Mein Lebensgang, 1923–25 *(28)*

II. Gesammelte Aufsätze

Aufsätze zur Dramaturgie 1889–1901 *(29)* – Methodische Grundlagen der Anthroposophie 1884–1901 *(30)* – Aufsätze zur Kultur- und Zeitgeschichte 1887–1901 *(31)* – Aufsätze zur Literatur 1886–1902 *(32)* – Biographien und biographische Skizzen 1894–1905 *(33)* – Aufsätze aus «Lucifer-Gnosis» 1903–1908 *(34)* – Philosophie und Anthroposophie 1904–1918 *(35)* – Aufsätze aus «Das Goetheanum» 1921-1925 *(36)*

III. Veröffentlichungen aus dem Nachlaß

Briefe – Wahrspruchworte – Bühnenbearbeitungen – Entwürfe zu den vier Mysteriendramen 1910–1013 – Anthroposophie. Ein Fragment aus dem Jahr 1910 – Gesammelte Skizzen und Fragmente – Aus Notizbüchern und -blättern – *(38–47)*

B. DAS VORTRAGSWERK

I. Öffentliche Vorträge

Die Berliner öffentlichen Vortragsreihen, 1903/04 bis 1917/18 *(51–67)* – Öffentliche Vorträge, Vortragsreihen und Hochschulkurse an anderen Orten Europas 1906–1924 *(68–84)*

II. Vorträge vor Mitgliedern der Anthroposophischen Gesellschaft

Vorträge und Vortragszyklen allgemein-anthroposophischen Inhalts – Christologie und Evangelien-Betrachtungen – Geisteswissenschaftliche Menschenkunde – Kosmische und menschliche Geschichte – Die geistigen Hintergründe der sozialen Frage – Der Mensch in seinem Zusammenhang mit dem Kosmos – Karma-Betrachtungen – *(91–244)*
Vorträge und Schriften zur Geschichte der anthroposophischen Bewegung und der Anthroposophischen Gesellschaft *(251–265)*

III. Vorträge und Kurse zu einzelnen Lebensgebieten

Vorträge über Kunst: Allgemein Künstlerisches – Eurythmie – Sprachgestaltung und Dramatische Kunst – Musik – Bildende Künste – Kunstgeschichte *(271–292)* – Vorträge über Erziehung *(293–311)* – Vorträge über Medizin *(312–319)* – Vorträge über Naturwissenschaft *(320–327)* – Vorträge über das soziale Leben und die Dreigliederung des sozialen Organismus *(328–341)* – Vorträge für die Arbeiter am Goetheanumbau *(347–354)*

C. DAS KÜNSTLERISCHE WERK

Originalgetreue Wiedergaben von malerischen und graphischen Entwürfen und Skizzen Rudolf Steiners in Kunstmappen oder als Einzelblätter: Entwürfe für die Malerei des Ersten Goetheanum – Schulungsskizzen für Maler – Programmbilder für Eurythmie-Aufführungen – Eurythmieformen – Entwürfe zu den Eurythmiefiguren u. a.

Die Bände der Rudolf Steiner Gesamtausgabe
sind innerhalb einzelner Gruppen einheitlich ausgestattet.
Jeder Band ist einzeln erhältlich.